中國文化對談錄【續編】

中國文化

對談錄【續編】

陳耀南 著

責任編輯　蔡嘉蘋
封面設計　鍾文君

書　　名　中國文化對談錄【續編】
著　　者　陳耀南
出　　版　三聯書店（香港）有限公司
　　　　　香港北角英皇道 499 號北角工業大廈 20 樓
　　　　　Joint Publishing (H.K.) Co., Ltd.
　　　　　20/F., North Point Industrial Building,
　　　　　499 King's Road, North Point, Hong Kong
香港發行　香港聯合書刊物流有限公司
　　　　　香港新界大埔汀麗路 36 號 3 字樓
印　　刷　陽光印刷製本廠
　　　　　香港柴灣安業街 3 號 6 字樓
版　　次　2000 年 2 月香港第一版第一次印刷
　　　　　2014 年 4 月香港第一版第四次印刷
規　　格　大 32 開（137 × 210 mm）272 面
國際書號　ISBN 978-962-04-1650-7

© 2000 Joint Publishing (H.K.) Co., Ltd.
Published & Printed in Hong Kong

序

　　我本來是沒有資格為陳耀南教授寫序的。無論是輩份還是學問資歷，我都遠遠不夠。但由於他的一再堅持，我只好"恭敬不如從命"了。

　　屈指算來，真正認識陳教授已經接近十年。在這之前，其實早在電視、電台、演講廳、報刊或書本上認識他。"十年人事幾番新"，當年一起上港大拜訪他的其他兩位同事，杜漸和鄭德華，已先後離開了三聯，甚至離開了香港，而陳耀南教授自己也退休定居澳洲悉尼。

　　所幸的是，雖然去了南半球，陳教授跟香港的淵源、感情不斷，現代交通又發達，世界愈來愈像個"地球村"，因此聯絡從未間斷。他從悉尼來開會、演講或探親，總不忘來書店逛逛，買買新書，同時也來看看我，聊聊近況。即使行程匆促，也來個問候的電話。認識這麼多年，最初拜訪他時的感覺一直沒有變：人如其文，保持傳統中國文人的本色，既"嫉惡如仇"，又"古道熱腸"。

　　當年向他邀約的《中國文化對談錄》一書，出版之後深受老師同學歡迎，多次再版，一直是三聯的暢銷書。可是，幾千年的中國文化浩如煙海，豈是一本書能包容的，因此就催生了這本"續編"。

我一向認為"大家"如果肯寫"小品"是很了不起的事，就像五四時期葉聖陶、夏丏尊、朱自清等人一樣，他們為年青人寫的書，影響之深遠，不可估量。陳耀南教授知識淵博，融匯古今是有名的，難得的是他也具這樣的精神，不遺餘力為青年學子著書。因為一般來說，學者大家，寫得"深"固然不易，但是要"深入"而又"淺出"，則更加困難，也更考功夫。

　　這本《中國文化對談錄・續編》跟其"姊姊"一樣，用甲乙雙方對談的形式解構中國文化，阿"甲"和阿"乙"，時而互相啟發，時而針鋒相對，作者設計這種獨特的方式，目的是在向讀者介紹五千年輝煌燦爛的中國文化傳統的同時，又以不同的觀點和角度指出其中的關鍵和利弊。能將一本內容極其豐富、涵蓋面極為深廣的暢談文化的書，寫得如此簡明易懂、生動有趣，如此"鮮活"，捨陳耀南教授之外，能有幾人？

舒非　謹識

一九九九年八月

目 錄

一、當今文化話中華

甲：不見好久了！七載之前我們哥兒倆對談中華文化，興高
　　采烈，幾年來真是不斷回味。

乙：是呀。難得今番有緣，又再踫頭，希望一樣談個痛快。

甲：親者痛，仇者快。

乙：你說什麼？

甲：我是想起個半世紀以來，中國人的多災多難。

乙：是啊，西潮激盪，震撼神州。最初發覺船堅炮利不如
　　人，跟着知道政治經濟有問題，最後原來教育文化才是
　　病源所在，不過，最近看來陸續開放，不斷改革，情況
　　似乎好轉不少了。

甲：當然，當然，否則中國人就難以立足於現代世界了。

乙：所以近年許多有心人，都努力探討中國文化在當代的意
　　義。

甲：老兄，碰上了這樣一個題目。我們真不易講。

乙：為什麼？

甲：吃力不討好。

乙：何以見得？

甲：問題就在何以見得——何以見得中華文化在當代，還有
　　什麼真正意義。

乙：奇怪：一個綿延了五六千年以上而從未中斷，一個十多億現代人在其中成長、生活的文化，竟會沒有意義？

甲：你不要誤會。你好像有點氣憤。很少人敢說中華文化沒有意義。只是有人懷疑它的當代意義。我們正是要探討：中華文化在當代，還有什麼正面貢獻？抑或只是負面教材，只有歷史的價值。

乙：中華文化在過去不斷發展，表現了驚人的持續力與包容力，是幾大偉大古代文明唯一繼續存留到現代的一個。它沒有理由不可以生存下去，發展下去。

甲：大家這個願望當然美好，不過也難免憂慮：是否今非昔比。

乙：怎樣今非昔比？

甲：很簡單，從唐虞夏商周到唐宋元明清——唉，其實在明清之間就有點不對，晚清之後更大大不妙——以往四、五千年，我們炎黃子孫碰到的，不外是近鄰的游牧民族的挑戰。大家都用主要靠體力的"冷"武器。仗雖然我們常常打輸，文化文明，總是他非我比，因此可以把他們同化。中古時期傳入的西域、印度佛教信仰，又和平而消極，千多年的相處，已經變成中華文化的一部分。一百五十年來的西方浪潮就不同了：它船堅炮利背後是比我們先進得多的工業文明；它民智發達，民權顯揚，法制修明，活力旺盛；幾乎每個範疇，都使中華文化瞠乎其後。看來要不被人家同化，已經大不容易，不要說像以往一般同化人家了！

乙：文化是發展的，有生機的；我們不是已經不斷現代化了嗎？

甲：是啊，問題就在這裡。我們一步步現代化，同時也就一步步遠離傳統。

乙：怎見得？

甲：我們現代化，就要講"法制"，傳統卻偏於"人治"；要講"人權"，傳統的君父，卻主宰了臣子的身家性命；要講"平等"，就不是舊日的"貴賤有序"；要講"民主"，就不是舊日的忠孝順從。現代貴創造，而傳統偏保守；現代尚奔放，而傳統主節制。舊時失意，便退隱，現代卻要爭取；不滿現狀，便思古懷舊；現代卻要創新、再創新。

乙：聽你的話，真好像清末民初嚴復、李大釗他們"論中西文化之不同"的翻版了。

甲：事情確是如此。八十年前"五四"新文化運動的"民主"、"科學"兩大口號，不是到今天仍然要喊叫嗎？

乙：不過今天許多文化學者剖析中西異同，已經比"五四"時期深刻得多，細密得多。"五四"人物雖說反傳統，其實他們的思維方式，還是傳統那一套。所以才弄出所謂"全盤西化"的講法。他們的態度，也既不民主，亦不科學。

甲：對了，我們傳統的思維方式，是偏於直覺、綜合、訴諸形象，重在文字；西方的長處是邏輯、抽象、數字。

乙：西方也有他們的短處。我們固然要學人家的長處，但是也不必過分菲薄自己，以致連自己的長處、自己的立足點都失去了。

甲：當然，當然。不過談到現代化，明顯是人家先進了許多步。我們不全愚蠢到，真的要試人家感冒藥，就先迫自己傷風；要接受西方的愛情觀念，就同時接納人家的愛滋絕症。但是，太多講人家的短處，自己長處，我們就容易沾沾自喜，甚至又一次坐井觀天，夜郎自大。以為自己一些講來不錯的地方，真的可以是人家某些流弊的特效藥。

乙：我總覺得：文化既然是人的作為，就不免有人的缺點。東方文化有許多不是之處，西方文化也不見得盡美盡善。熟悉中國哲學的人，痛惜明清以來——甚至元明以來——我們的文化活力就頹而不振，乏善可陳；不過生活在現代所謂發達國家的人，卻也每一個都嘗到物慾過盛、環境污染、精神空虛、自私掛帥的害處。三百年前，許多歐洲思想家一度過分在想像中美化中國理性化的東西。後來西方"動"與"進取"的威力一發作起來，新航路的發現，新大陸的攫取，白人似乎就是上帝的選民，地球的管家，有色人種的奴隸主。連大哲學家也都看不起、不肯虛心了解東方文化了。

甲：西人本來就精於分析、勇於批判。中國人"大而化之"的思維方式，一元化整體思考的習慣，在他們看來，正覺得粗疏、籠統，甚至原始、落後。當今美籍華裔學者林毓生講"創造性轉化"，不就是針對這個缺點嗎？

乙：對。不過，西人知分而不知合，能動而不能靜，講對立鬥爭而不講融匯諧和，也不見得不是嚴重缺點。

甲：西人也講與上帝和好，在主內合一。

乙：不過基督徒對異端也不能容忍，教會裡面也有許多宗派分裂。何況，現代西方是基督教大退潮。有些學者宣判了上帝死亡，許多教堂都門堪羅雀，租讓給亞裔；牧師神父讓位給心理專家和精神醫生。風起雲湧的"新紀元運動"，又紛紛向東方求智慧。大史學家湯恩比，也説未來屬於中國。

甲：是不是真的智慧，很難説。一小部分人的好奇，或者會引致神秘主義的沉渣浮起。至於"二十一世紀屬於中國人"之類的話，我也覺得最好不要多講——甚至不講。情緒化的話，徒然供給我們一時的快意，卻必然引起其他民族的妒意與敵意。

乙：看來多元文化主義，應當是比較合理的趨勢。

甲：所以我們最好還是心平氣和地檢討一下中華文化的傳統特色，看看它在當代社會裡的得失優劣，和應當發展的路向。

乙：好。中國的傳統文化，互補的儒道兩家，以及後來的佛家，都是以人心性為根本，一切價值，由人內心作判斷；一切行為，以人心主體意志為原動力。

甲：是的。當代一方面西方的物質主義風靡全球；一方面左翼的唯物思想，半世紀以來在中國，又挾着政治的優勢共同造成變"人本"為"物本"的影響。同時，基督教的神本信仰，也漸漸在中國佔有一席之地。

乙：不過也有人擔心：開展於小農經濟的中國文化，一向着重現世人生的實際功利。希伯來傳統的超越真神信仰，希臘傳統的抽象思維，到了中土恐怕都不免變質。

甲：這就看以"二希"文明為根源的西方文化，和以"三教"思想為骨幹的中國文化，長期的相激相盪之後，發生什麼結果了。

乙：我們看以往：先秦時代的南北兩系文化，中古時期的西域天竺佛教文化與本土儒道文化，都由競爭而歸於融合。和平包容，這也是中華文化傳統特色。所謂"家和萬事興"，一切都"以和為貴"。

甲：大概是大陸農業生活的產品，大家世代聚族同居，協力耕作、順應四時、睦親九族，自然是無比的重要了。這一點和戰天鬥地、講究競爭生存的西方精神，真是大異其趣。在於今日就特別有意義了。

乙：要人際關係以至於天人關係和好，就要講究節制、諒解。放縱情慾，不敬己敬人，就是自私鄙野，所以特別重視倫理道德。

甲：不論古今中外，道德都是極重要的。不過，過往中國文化似乎就因此而貶抑了知識、藝術、經濟等等的獨立地位與價值，造成這些方面的發展不足，到現代和西方文化遭遇，就大大遜色了。

乙：是的。不過，怎樣"重此"而不"輕彼"，也實在不容易。

甲：還有，人真是最麻煩的動物，什麼好東西都會自私地弄到它變質。即如"道德"本來是好的，掌了大權、居了高位的人，就往往鼓勵絕對服從、愚忠愚孝，於是造成非常惡劣的影響。

乙：是啊。不過現代許多中國人，直接或間接受了基督教文明的洗禮，比較充分地了解人類軟弱和限制，知道除了對超越的上帝謙卑順服之外，對任何人都不可以放他在無可制衡的位置上面。因為"權力使人腐敗，絕對權力使人徹底腐敗"。另一方面，不論貧富貴賤，人人都是上帝所造，個個在上帝之下都是平等。"法制""人權"

的理念就由此而生。

甲：不錯。中國傳統對人性樂觀，以為"人皆可以為堯舜"，以為"人性本善"，可以由"誠意正心"而治國平天下。於是一代又一代盼望、歌頌"聖君賢相"，卻一代又一代落空。其實，人慾無窮，人情難測，非要小心不可。

乙：是啊。我們真要小心自己的"心"。中國傳統儒家，講仁義禮智的"良心"，道家講虛靜無為的逍遙之心，佛家講覺悟捨離的如來真常之心，都是以內在的靈明主宰作為本體，所以有人說中國文化是"內傾"的文化，講心的文化。

甲：到近幾十年才受到西方左翼思想的影響，加上政治的壓力，才把"唯心"當作罪名，而歌頌"唯物"。

乙："心""物"的對比中外都有，不過中國傳統文化講究折衷調和，不像西人那麼好走極端，"唯"什麼"唯"什麼的。

甲：雖然佛教的"唯識"之學在中國也沒有多大發展，反而不論什麼宗派，師徒相傳的觀念和制度，受了中國傳統特別濃厚的家族觀念影響，連出家的法名也以輩份排字，真是有趣。

乙：對了。你看中文的親族名稱豐富繁多，不像英語 uncle, auntie, cousin 那樣簡單籠統。

甲：語言文字是文化精神的表現符號。歐西語文的時態，位格就很細致嚴謹，中文反而沒有在字面上搞那一套。不過現代語體中文或多或少受了英文影響，也有一點歐西語法的跡象了。

乙：最怕是生硬冗贅，那就"歐而不化"了。回過頭講家族輩份觀念，現代中國人朋友之間，還是稱兄道弟；家族的人情與榮譽，還是對人們的行為有些正面的影響。

甲：不過比起以前是淡薄得多了。其實西人也並非不講孝悌之道，不過不限於血緣親屬，以基督徒來說：彼此都是主內的弟兄姊妹。所以一方面固然好像對自己的父母親人，不那麼尊敬親密了；一方面對社會公眾，甚至對異鄉人、陌生人，反而情義又厚了一些。所以許多人都發覺：西人對熟人之間的所謂"人情味"，是比不上中國人；不過急公好義，博施濟眾，反而常常比講究親疏厚薄、表裡內外的中國人還勝一些。

乙：歐美地區殘存的白人種族歧視，你又怎樣解釋？

甲：種族歧視是人類通病。中國人不是也稱人為"番鬼"、"摩羅叉"嗎？"非我族類，其心必異"，不是也見諸二三千年前的經典嗎？況且，在西方社會裡奔走奮鬥，打倒種族主義，通過反歧視法案的，當初也是西人。反而在西方世界的華人社會，那種重家族裙帶關係，以法制為人情犧牲品的情況，還是比較普遍。

乙：是啊。如果回看中國歷史，從周秦到明清，家族觀念擴大到政治上面。君父尊崇而臣子卑下，後者的人格尊嚴甚至生命權利，都被壓抑、剝奪，個人的功過榮辱，都和整個家族互相株連，往往既不公平，又不人道。

甲：對呀。鮮血斑斑的"族誅"、"夷三族"、"誅九族"，史不絕書，那些一味歌頌傳統的史學大師，真不知如何辯解。

乙：暴君明成祖一怒而誅人十族，真是禽獸中的禽獸。現在還有人把當今總理攀附為明朝皇帝後裔，真是封建愚昧，可鄙可恥！不過，古聖先賢順應人性人情而鼓勵"推愛"，親親而仁民，仁民而愛物。由親及疏，自近而遠，本來也用心良苦。

甲：問題是人的愛心有限。許多人就只推到親人便算，高度自私心，甚至只愛自己。何況，正如剛才所說：家族之情重，則法制之念輕，用人唯親，弊病也是很大。

乙：對呀。就以工商業來說：家族企業發展到某一程度，自然產生"親親"與"任賢"的矛盾。親者未必賢，賢者未必親，這是從來都無可奈何的事。

甲：所以，公司要上市招股，管理權要和擁有權分開。擴大到國家政治，就是"民有、民治、民享"的現代理念了。

乙：難怪有人在傳統的"五倫"之外，加上"社群與自己""政府與國家"的"第六倫"了。這也是中華文化的另一種現代演變。

甲：其實這也是中國人的現代覺醒與共識了。以往因為文化範圍限於以中國為最先進的東亞大陸，學習典範限於本國的聖經賢傳；況農業社會比較安定而缺少變化，於是尊古守舊，視為金科玉律。現在時代變了，眼界開了，一切都不同了。

乙：不過如果像某些恨鐵不成鋼的人那樣：一切傳統的，中國的都壞，一切新的、西方的都好，那又既不符事實，又不合邏輯。

甲：所以，還是常識性的老話：像其他各國各族的文化一樣，中華文化，參加現代世界的博覽會，觀摩比較，捨短取長。一方面謀國族的自立自強，一方面貢獻於普世人類。

乙：對呀。我們現在或者比較幸運：不是在列強交侵的清末民初，不是在日寇肆虐的抗戰時期，甚至也不是在風聲鶴唳的冷戰歲月。今天可以在沒有太迫切的民族危機感下，選擇判斷自己和人家的做法。一些真要放進歷史博物館；一些就整理更新一下還是有用；一些就真要採取所謂"拿來主義"，西為中用。

甲：我想所謂中華文化的當代意義就是這樣吧。

二、中華言語見人文

甲：提起中華文化，有人真是心事重重。

乙：對呀。歷史長，包袱重，地方大，情況亂，人口多，問題繁。

甲：繁而且煩。優良精彩的地方，令人心焉嚮往；缺失弊漏之處，令人心煩意亂。

乙：不過家事國事，事事關心。心所謂危，又不能不説。

甲：是啊，"人之相知，貴相知心"，中國人對於自己的文化，也貴乎了解它的精神所在。所以，我們再次對談中國文化，似乎可以再探討得深入核心一點，把它的利弊看得更了然於心一點。

乙：這是人同此心，心同此理——不過，聰明的聽者與讀者，相信到此已經心領神會——

甲：什麼？

乙：老兄不要裝傻：彼此是心照不宣了——我們從一開始到現在，不是"心"來"心"往，用了許多"心"字當頭的四字成語嗎？

甲：對，對。被你一語道破，我雖不至心驚膽跳，也是心服口服，甚至心花怒放。即使本來心亂如麻、心猿意馬、心不在焉的人，對老兄的心直口快，相信也心曠神怡、心悅誠服。

乙：當年在小學，你一定得過成語串連比賽的獎了。我就只有想起意思差不多的幾句。什麼"心地光明"、"心寬體胖"、"心平氣和"、"心安理得"等等，能否過關，實在"心大心細"。

甲：老兄客氣了。也有許多熟語、諺語，不是四個字的——

乙：對了，他是我的心上人，你是他的心頭肉。以為人心肉造，公道自在人心，於是彼此將心比心，心甘情願，以為人心搏人心，而不是以小人之心度君子之腹，希望心心相印，想不到人心隔肚皮——

甲：粵語所謂"生仔唔知仔心肝"。

乙：是啊，"一個人兩個心未為多"，於是又多心，又花心，所謂人心不足蛇吞象，最後竟然變了心，實在令人又傷心、又痛心、甚至心碎！

甲：好！好！不要"怒從心上起"就好了。老兄的文字串連功力，實在更好。不過，我們都是成年人了，不會為這些文字遊戲而心高氣傲，最重要是透過語言文字，把背後的文化精神，探討探討：為什麼我們的傳統，這樣喜歡講"心"。

乙：以"心"作為思想、感情、意志的主體，這是古今中外皆然。心在身體中間，一天不停止跳動，動物的生命就一天存在。人一緊張，興奮，就自己都覺得心跳加快。

甲：老兄當年第一次與嫂夫人約會——

乙：唉，好在你說是"嫂夫人"。陳年舊事，彼此彼此了。現在最重要是"但願人長久，百年共跳心"。

甲：哦，心想事成，一定一定。看來物質的心，就此變成精

神的心了。正如你剛才所說：思想，感情，意志這三個
詞、六個字，下面或者左邊，都有一個"心"字，在篆
書就像心臟之形，中國人的漢字，真是奇妙呀！

乙：對，讓我們翻一翻詞典：懷念、慈愛、恩惠、慷慨、戀
慕、憐憫、惋惜、懦怯、懼怕、忌惡、怨懟、慈恵。

甲：慌忙、憤怒、憎恨、恐怖、懵懂、憔悴、憂患、悽慘、
悲愁、懊惱、懺悔、慚愧。

乙：不必慚愧，我們是十二個對十二個，打成平手。

甲：原來老兄猶有鬥志，恍如身在語文考試中心。

乙：其實靠人腦不如靠電腦，最好拿資料到統計中心，或者
計算機中心，一按——

甲：千萬不要精算過度，失控犯事，要因在拘留中心，最少
也要光顧醫療中心。

乙：希望中心裡面的杏林國手，仍然有中國古人所謂醫者父
母心。

甲：在金錢掛帥的今日，除非醫師們有虔誠的宗教信仰，否
則恐怕你一定失望了。

乙：要身心康泰，不妨多寫字繪畫，"外師造化，中得心
源"，一定可以延年卻病。

甲：看來為了國民健康，政府除了體育中心之外，還要多建
藝術中心了。

乙：忽然想起：為什麼現代許多機構、建築物，英文稱為
Centre 的，中文都叫做"中心"？

甲：其實剛才你自己都解釋過了。話又說回來，中國人傳統
的祖先神位，往往有"心田先祖種，福地後人耕"一副
對聯，你發覺嗎？

乙：是呀。"心"是一切動力的來源。"福"是所有努力的目標，田、地、耕、種，是典型農業社會的比喻。

甲：用亞里士多德的術語：田、地，是質料因；耕、種，是動力因。

乙：中國人比西人更重視宗法、家族，所以，"先祖"、"後人"，就代表世代承繼。我們的良心，由祖先遺傳而來，我們要積德種福、承先啟後，好好地對祖先、對子孫交代，這是千百年來的華人傳統。

甲：不錯，不錯。但是，田地基業，最初是由何而來呢？先祖與後人的生生不息，耕種傳承的意願與能力，又由何而至呢？

乙：或者我們一路上再想想。

甲：人生，正如走路，最好是"頭頭是道"，最慘是"窮途末路"。

乙：最怕是廣東俗語所說："唔知乜頭乜路"——不知道哪頭是方向，哪裡是道路。

甲：中文的"道"字真有意思。部首是俗語所謂"撐艇仔"——辶，表示"邊走邊停"的"辵"字，像人的腿、膝、脛、腳；另一部分，那個"首"字，就是有頭有面有頭髮的樣子。能考慮方向、有實際行動，不就是"道"嗎？

乙：老兄真是一位非常好的小學教師。

甲：不敢、不敢。所謂小學，固然是認字讀音的基礎教育，也由此發展而為專門、深入的文字、聲韻、訓詁之學，在大學中文系，是很重要的一科呢！

乙：對。有人說："訓詁明然後義理明"，清儒不滿宋明理學流於空疏，不肯耐心細密查究經傳文字原意，隨便亂説，還自誇是微言大義，所以他們轉過來繼承漢唐經師之舊，從樸實的考據再下工夫。基督教神學家也有一派是強調"以經解經"，以希伯來，希臘原文為根據。

甲：不過過猶不及，許多人又沉醉於一字一言的考訂，以工具為目的，忘記了當初讀經本來是為了求道。

乙：難怪朱熹歡説，教學者如扶醉人，扶得東來西又倒。

甲：朱熹在當時被反對者標籤為"道學先生"，不過"道學"這個詞，本身很難説有什麼貶意。

乙：對。人本來就天生會慕道、求道，問題在什麼是"道"。

甲："道可道、非常道"；抑或"率性之謂道"。

乙：《老子》、《中庸》都被你活用了。漢代的雜家《淮南子》，齊梁之間文學評論巨著《文心雕龍》，唐代大文豪韓愈，都有一篇開宗明義的《原道》。

甲："原道"——好！探真理之源，明人生之道。

乙：不過。可能許多人對這些古老而抽象的東西沒有興趣。要找真正值錢的古董，逛香港半山的荷里活道。

甲：荷里活是美國電影之都，看明星，到日落大道。

乙："國旗無落日"的大不列顛，平心而論，確有他的強國之道。

甲：領土曾經遍於全球，語文今猶佈於四海。議會民主，為萬國之所宗；科技人文，歷千秋而有價。

乙：竟然是駢體的"大英文化頌"，忘記鴉片戰爭的邪惡了。

甲：不是，不是。事情要分開來看。《禮記·大學》所謂："好而知其惡，惡而知其美"——喜歡，但也要知道他的缺點；討厭，但也不能否認他的長處。

乙：有理、有理。不過所謂"道"，不只是日落大道、荷里活道；不限於英國之道、道家之道。事實上，什麼都有道。

甲：老兄可謂善學莊子。《知北遊》篇說：莊子整天談道，東郭先生就要他舉例看看。

乙：道在於螞蟻。

甲：太卑下了。不過，"昆蟲學"實在不簡單。要發明殺蟲水，首先要看放大鏡下的蟑螂醜相而不昏倒。

乙：在於閒花野草。

甲：家花不及野花香，野花香來不久長。

乙：在於斷垣敗瓦。

甲：那齣《雷霆救兵》真好看，電影大製作，史提芬史匹堡。諾曼弟登陸。搶灘浴血，巷戰肉搏，到處是斷肢零肢、殘垣敗瓦。《弔古戰場文》仍然感人，不過比起全方位刺激感官的第八藝術，相去遠矣！——對。為什麼看磚牆陶器？為什麼耐燒而容易碎裂？分子結構怎樣？只要"打爛沙盤問到督"，都是學問。

乙：白話文是"打破砂鍋問到底"。廣東話叫"底"為"督"，就是《莊子》所謂"緣督以為經"，"督脈"的督。"問"跟裂紋的"紋"諧音。砂鍋一旦打破，裂紋就由頂到底，象徵人要打破疑團，一問到底。

甲：閣下的訓詁工夫也不錯呀。論到秦磚漢瓦，還是博物館、考古家的珍貴材料哩。——莊子最後還說道在什麼地方？

乙：道在屎溺。

甲：噢！臭不可聞，穢不可近。

乙：所以佛家說人體是臭皮囊，病理學家要驗糞驗尿。

甲：日本有人提倡飲自己的尿，說有醫療效果。——我們也不要再說下去，免得更為不堪。

乙：總之，世人眼中雖有美醜貴賤，“道”卻是無處不在，無所不有。

甲：因此，文化，在名牧、高僧的教堂寺院，在教授、專家的課室，書齋，也在於巷尾街頭的閒言瑣語。

乙：我們早幾年對談就說過：動輒輕蔑什麼什麼地方是所謂“文化沙漠”的人，大抵沒有到過沙漠，不知到沙漠地區，也可能有文化遺跡；而研究沙漠成因，也就是一種文化。

甲：所以，經史子集，詩詞歌賦，琴棋書畫，少林太極，星相醫卜，京戲潮劇，粵菜港飲，都是中國文化，都是國學。

乙：難怪有人認為：嚴格來說，沒有什麼人可以堪當所謂“國學大師”的雅號，除非他是假、大、空的半瓶醋。若干年前有位先生，及其老也，戒之在得，人家剪綵少了個人，請他湊數，柬帖上稱他“著名詩人”，他大不滿意，非要改為“國學耆宿”不可，真是好笑。其實，李白、杜甫也都不過是“詩人”，容易做到李白、杜甫嗎？基督徒一切榮耀歸於造物的上帝，常常謙卑虛己，就不會妄自尊大。

甲：你又講道了。中國的《易經》早就說：“謙受益”。

乙：目的在於自己“受益”，仍然是講究實利的中國傳統。最高層次的謙卑，應該是不講目的，本來自己就缺點多

17

多，沒有不謙卑的道理；何苦要"老鼠跌落天平"——
自己稱（秤）自己。

甲：對了，我們從開始到現在，用了不少古語、成語、諺
語、俗語、歇後語，其實都是文化的一種表現，一種載
體。

乙：對，這些統稱為"熟語"，可說是用起來方便現成的"預
製構件"，一裝嵌進句子裡就成了。

甲：甚至可以獨立成句，且看日常的對白："扣帽子"、"交
白卷"。

乙："唱高調"，"打落水狗"，這些是"慣用語"。

甲："百聞不如一見"，"英雄無用武之地"。

乙："人怕出名豬怕肥"。這些是"諺語"。

甲："知無不言，言無不盡"。"有則改之，無則加勉"。

乙：還有你剛才引述的："滿招損，謙受益"。這些是格
言。

甲：剛才你所說的，"老鼠跌落天平"，又如"過街老鼠——
人人喊打"。

乙：我們都是與鼠有緣。"和尚打傘——無法無天"。

甲：擾亂社會、破壞文化的人，不要盲從附和他。

乙：不過有些野心家有宣傳天才，說得天花亂墜，真意何
在，令人"丈八金剛——摸不着頭腦"，這些是歇後語。

甲：不過，人們長期以來最常用、最普遍、最簡潔而又整齊
的，是那一大批四字成語。

乙：為什麼百分之九十五以上的成語都是四個字？

甲：漢語句式，四個字最為經濟——就是說：字詞極濃縮、
而意思可以最大限度地豐富。四個字，可以是一個短

句，例如"口若懸河"，也可以是兩個極短句的對比，例如"陽奉陰違"，或者承接映襯，例如"乘風破浪"。四個字以上的，可以歸入"諺語"那類了。

乙："失之東隅收之桑榆"；"臥榻之旁，豈容他人酣睡。"

甲：這句話是宋太祖要滅南唐的理由。就是說，狼也知道羊是無辜的，可惜就是要吃你。後來蒙古滅南宋，也是如此，可謂"以其人之道還治其人之身"。

乙：政權轉移，總找不到一個理性的、符合民意、出於民權的方式，這是從三代兩漢到宋元明清的痼疾，也是中國文化一大弱點。不過這一點，我們已經談過不少了，還是回到成語與諺語。兩者有什麼不同？我們不妨分析一下。

甲：先講來源。

乙：諺語多數來自民間，成語多數出自經典。

甲：再講形式。

乙：諺語長短參差，多數五個音節以上，較近口語；成語正如剛才所說，一般四個字，本身是書面性文言，不過同樣用於口語而已。

甲：因此，諺語用字比較有彈性，更容易獨立成句；成語就結構、用字都極為固定，一般不獨立成句了。

乙：除了文士慣常的優雅談吐，或者遷就上文下理平仄和諧，故意把某些慣用成語前後半對調，正如你剛才所說，許多成語是兩個極短句的承接或對比，因此可以次序對調，意思不改。

甲："以貌取人"即是"取人以貌"。

乙：人不可以貌相，海不可以斗量。

甲：吹毛求疵。

乙：雞蛋裡挑骨頭。

甲：相形見絀。

乙：不怕不識貨，只怕貨比貨。

甲：見異思遷。

乙：坐這山，望那山。

甲：孤掌難鳴。

乙：一個巴掌拍不響。

甲：飲水思源。

乙：台灣人一句閩南話：喝水，想源頭；吃果子，拜樹頭。

甲：好！好！我們是成語諺語對比練習了。

乙：當然不是句句都有對等的夥伴。諺語似乎地域性、方言性比較強，成語就全民通用，文化程度愈高的人，使用愈密。

甲：不過也有人故意極力避免用成語，香港有位大才女教作文，凡用成語扣分。

乙：她大概是鼓勵學生自鑄新詞，力求清新，避免陳腔爛調，所謂"惟陳言之務去"。

甲：好在你不是她高足，否則你這個句子可能體無完膚。

乙：大作家當然有主張、有特色、有個性，不過一般來説，也不必如此因噎廢食。況且，現在一般人語文程度低落，能用一些成語，已經很不錯了。

甲：事實上民族文化傳統，與千百年來沿用成語，也是互為因果。

乙：有人統計：中文成語有出處的四千六百多條，其中百分之七十是秦漢以前的典故。魏晉南北朝隋唐的，也佔了四分一。

甲：加起來是百分之九十五了。中國歷史長，典籍多，傳統
　　風氣是尊古保守，這個現象毫不意外。

乙：群經諸子、左傳國策、屈宋楚辭，以至《史記》一大部
　　分內容，都是漢以前的東西，也是中國文化的淵源根
　　本。

甲：源遠流長，不懂成語就不懂中國文化。

乙：不論出於古代那個時期的文言成語，到今仍然活躍在日
　　常口語之中，相信你剛才提到那位大才女，也避無可
　　避。

甲：對呀。她是元朝王實甫《麗堂》所說的“滿面春風”，
　　清代《聊齋誌異》所謂的“溫文爾雅”，當初誓言留於
　　故地不遷，見到《史記春申君列傳》所說的“民不聊
　　生”，也一定有《論語》“是可忍孰不可忍”之感。

乙：用典故、用成語，當然要適可而止，貴精不貴多。不
　　過，語文是“通變”而不是“革命”的，後先相繼，許
　　多成語，詞語，生命力耐久驚人，它的生滅盛衰，不是
　　任何作家所能左右。

甲：更不是某些所謂語法研究者所能興廢。

乙：他們許多是師心自是、剛愎自用，甚至妄自尊大。

甲：連用三個成語。無分中外，許多真有成就的作家都討厭
　　語法學家。

乙：對。有個在大學裡教書的人在研討會提了篇文，搜羅了
　　不少當代名家的文中用詞，說是“過時口語”，要人規
　　避不用，當場就被一位遐邇馳名的文章高手義正詞溫地
　　提出異議。

甲：不是義正詞嚴，是溫柔敦厚。活用成語，可謂點鐵成金。

乙：過獎，過獎。有人譏笑：很少語文學家自己寫得出什麼好文章。

甲：王力很好，不過他是由於自力的天份，和早年多唸古書，並非得力於語法之學。

乙：語法之學是歸納、分析已有的語文用法，不是指導創作。

甲：文有文法，但另一方面，更是文無定法。依照Grammar創作，莎士比亞也就不成其為莎士比亞了。

乙：此之謂"膠柱鼓瑟"。當然，對初學者來說，知道一點語法是好的。不過，正如舞蹈，拳擊，劍術，一切都由熟練的摹仿而變成本能反應一般自然機敏的隨機動作，要死記着語法規條，宜什麼忌什麼，什麼靈機都窒死了。

甲：好在你所説那類語文教師沒有掌握政治權力，否則憑着自以為是的教條整人，那就慘了。

乙：文化打手甚至文化沙皇是否容易產生，也要看文化泥土。許多成語確又保存古代語法，某些要排斥所謂"過時口語"的傢伙又不知怎辦。

乙：時不我與。何去何從。

甲：如果他當上了沙皇，許多人就要唯命是從了。

乙：千人諾諾，不如一士諤諤。其實，仍然在"口語"，就怎會"過時"呢？總不成要像過去帝王一般，每年頒一本皇曆吧。

甲：你剛才説當場批駁那講師的大作家，其實可以幽默一

22

點，請求那講師每年頒佈一本手冊，通令一體遵依，毋得違背。

乙：除了語法之外，許多古代虛字，也保存在成語之中——"成人之美"的"之"，"瞠乎其後"的"乎"，"旁觀者清"的"者"，"空空如也"的"也"。

甲："莫名其妙"的"其"，"恍然大悟"的"然"，"嫁禍於人"的"於"，就算痛詆文言是"死文字"的人，也不能把它們改為白話。

乙：文言白話之分，本來就不是一刀切。有些實字，也不可更易。"一目了然"，不會改為"一眼了然"。

甲：俗語"一眼關七"也不能改為"一目關七"。

乙：一隻眼睛關照七個方面，另一隻眼睛專注第八個方面。

甲：那就四方八面，照應周到了。不過有人是"眾裡尋他千百度"，"東張西望"一踫到，就"一見鍾情"，"一見如故"。

乙：那是目挑心招、四目交投，都不能改之為"眼"了。

甲：旁人可能"洞若觀火"。他年如果感情變化，又"覩物思人"——觀也好，覩也好，都不能改之為"目"、為"見"。

乙：雖然"鑑貌辨色"、"東張西望"、"左顧右盼"、"看風駛舵"、"高瞻遠矚"，都不能改變，這也是所謂"超穩定結構"。

甲：動詞如此，名詞亦然，"固若金湯"，並不是罐頭名牌金寶湯；"金城湯池"並不是湯羹注滿了池塘。

乙：唸過《孟子》就知道了。《公孫丑下》篇："城非不高也，池非不深也，兵革非不堅利也，米粟非不多也，委而去之，是地利不如人和也。"

甲："天時不如地利"，因為天時是彼此相同的，地利是此優於彼的。"地利不如人和"，因為地是死的，人是活的，活的人不能協和，堡壘就從內部被人攻破了。

乙：孟子與列寧——是列寧吧？——在你腦袋裡握手了。

甲：你剛才所引《孟子》"兵革"的兵，和所謂"棄甲曳兵而走"、"兵不血刃"的兵，都是"兵器"而不是"兵卒"，這也是古義。

乙：對呀，有些事物早就變了，成語仍然那麼說，效果仍然那麼好。

甲：普遍推行十進制，我們仍說"半斤八兩"；生物界、甚至現今文明社會，早已有許多雄性屈居雌性之下，我們仍說"一決雌雄"。

乙：現代的噴射鐵鳥展翼雄飛，"一日千里"是太慢了。

甲：不過，從成語也可以看到文化的交流與變遷。"恆河沙數"就不是土產。"盲人摸象"的故事，就是佛經的"衣缽真傳"。

乙：近代的"殺雞取卵"，"披上羊皮的狼"，"酸葡萄心理"，出於《伊索寓言》；"舊瓶新酒"、"以牙還牙，以眼還眼"，在《聖經》中也找到出處。

甲："皇帝的新衣"是安徒生童話。"不自由毋寧死"是法國大革命時代的名句。

乙：我們又由"成語"而及於"名言"、"諺語"了，不過，不管是那一類"熟語"，都可以拓闊眼界胸襟，提高表達能力。

甲：如果我們不存"雅俗"的成見，許多升斗小民的市井俚語，同樣有這個效果。

乙：成語在日常口語之中，日常口語也充滿着俚語，都是研究文化的好材料。

甲：我們開始不久，已經提過一些俗語、歇後語，現在可以多講一點。

乙：可惜往往書面上寫不出來。流行於香港的粵語，外地，非粵語的朋友也不一定能理解。

甲：我們就適可而止、隨講隨解，多為他們設想一下吧。

乙：對。"泥水佬開門口——過得自己過得人"（泥水匠開門口，自己走得過去，也要讓人家走得過去），儒家傳統忠恕精神，本來如此。

甲："人同此心，心同此理"，所謂"人心肉造，燒酒米造"，理應如此。

乙："己所不欲，勿施於人"，其實就是所謂"人心搏人心"（以人心搏取人心）的問題，前些時候我們引述孟子所說，天時地利，都不如人和，就是這個道理。

甲："人夾人緣"，"事在人為"，所以"莫須問前程，但須行好事"。

乙：對，"豈能盡如人意，但求無愧我心"，這是心安理得之理。不過，世事難料，不如意者常八九，雖說盡心而為，但是"十隻手指有長短"，差異分別是無可避免，也是無可如何的，"十人生九品"（十個人，就起碼有九種品性），"若要人似我，除非兩個我"，許多時候，世事的變幻，人心的複雜，意見的分歧，也實在令人煩惱。

甲：對呀。"人心不同，各如其面"，所謂"生仔唔知仔心肝"（兒子是自己生的，他的心卻不是自己能夠猜透的），"人心隔肚皮"；要"帶眼識人"（睜開眼睛去觀察，別交錯了人），真是談何容易！

乙：唉，"男怕入錯行，女怕識錯郎"，人間的事業，婚姻，因一時錯誤而一生痛苦的，實在太多了！

甲：有意栽花，花不發；芬芳的花不發。無心種竹，竹成蔭，惡亂的竹，斬不勝斬。許多人"千揀萬揀，揀着個爛燈盞"，不少節儉勤勞的女士，誤嫁了嗜賭成癖的丈夫，"慳夜慳，唔夠（夠不上）老公一攤（賭一局番攤）"！於是不斷"家嘈屋閉"。

乙：唉，"清官難審家庭事"，"家家有本難唸的經"。

甲：民國初年一副著名對聯：

　　男女平權，公說公有理，婆說婆有理
　　陰陽合曆，你過你的年，我過我的年

乙：這就是所謂"求同存異"，甚至承認現實，尊重差異。

甲：這就是與講求共同規範的儒、法、墨諸家思想大相懸殊的道家精神了。他們的學說，莊子發揮得最巧妙，最透徹。正因為人智有限，而世變無窮；所謂原則、標準，難免"五時花，六時變"，一人一款，一時一樣。執着於某一個原則標準，要自己達到，固然很痛苦，要人家也達到，更難免引起紛爭。

乙：甚至帶來大禍。執着於宮廷倫理的大學者方孝孺，踫上了權力慾化成獸性的大暴君明成祖，就累到十族被誅，牽連死了八百多個無辜人士！真是人道何存？公理何在？

甲：對。這類比猛獸還兇殘的人中之獸，竟然是千萬人俯伏的皇帝！這樣的制度，從秦漢到明清，中國人竟容忍了二千載。踫到有人以此來冷嘲熱諷中國文化，我真是無話可說。

乙：政治黑暗，社會昏亂的時候，許多人知道無話可說，就入山唯恐不深，入林唯恐不密，做了隱士。

甲：隱逸之士就是道家思想莊子精神的體現者，其實，也不一定要隱逸山林——不是許多人有這個機會。也不一定要讀過莊子——不是許多人有這個條件。不過，古今無數以"凡事看開"、"無待無求"自勸互勸的人，都是莊子的門徒、隱士的朋友。

乙：對。鬧市之中，不識字的人也懂說："天有不測之風雲，人有霎時之禍福"。你說"計劃"吧，"荷葉擎珠，唔夠（抵不上）東風一浪"。你說"報應"吧，有人"忠忠直直，終須乞食"；有人"懶懶閒閒，大廈幾間"。有人"好心遇雷劈"，"殺人放火金腰帶，敲經唸佛周身癩"。所謂公道，所謂天理，原來就是如此！

甲：你不是這樣憤世嫉俗吧？

乙：不是我，是這樣環境之下，這類人的這種心態，一切無可奈何，一切不由自主，唯有"煮到來，就食"，"船到橋頭自然直"，希望幸運的話，"辣撻（骯髒）人有辣撻福"，所以，"人算不如天算，天算不如就算"！

甲：以前有個廣告，真要免費替他賣賣廣告。

乙：什麼廣告？

甲："世事無絕對，只有真情趣"，然後悠然地吸一口煙。

乙：吞雲吐霧，麻醉品！毒品！

甲：有人覺得道家思想就是毒品、麻醉劑。不只道家，佛家更消極，道家勸人"看開些"，佛家更勸人"看化些"，看開，是拉遠了距離，善惡是非，就不那麼清楚。都遙遠了，相對了。看化，是強調了生滅成毀，一切標準，就都不真正存在了。

乙：這樣的思想和人生態度很可怕，聽來灑脫，說來高超，人因此就漸漸看不到是非，感不到善惡，振發不起精神，沒有改善現實的意願和力量。

甲：世界醜惡，而他們疲軟；世界就更醜惡，他們就更疲軟。惡性循環，不知伊於胡底。

乙：難怪孟子痛斥"鄉愿"（地方上的和稀泥、大滑頭，老好人）是"德之賊也"，難怪韓愈、歐陽修一生反對釋道之家，難怪宋明理學家都受兩家方法影響，但都反對兩家。

甲：這些，我們在幾年前對談都講過不少了。不過，對絕大多數人來說，哲理的思辨是難以明白的，他們需要的是簡單的信條，有力的警告，當下的安慰。

乙：佛教在這方面就大展所長，成為傳統最大的宗教了。

甲：許多人不一定"與佛有緣"，不過也深信"善有善報，惡有惡報；若還不報，時辰未到"，這樣比較容易心平氣和一點。

乙：當他們聽到所謂"為人為到底，送佛送到西"的時候，也和讀過《論語》的想起"為人謀而不忠乎"一樣，責任感、道義感可能強化了許多。

甲：不過，說到"人爭一口氣，佛爭一爐香"，意氣之爭發展下去，那就貪、嗔、痴都存，"三毒"俱發，由"人文"而"反人文"了！

乙：一念之差。

甲：好一個"一念之差"！一彈指二十瞬，一瞬二十念，一念中有九十剎那，一剎那間有九百生滅。一念三千。念念不絕，念念不忘，念念不已。

乙：老兄原來懂得念佛偈。

甲：這不算佛偈。"偈"是譯音，語句是整齊的，在印度原文是協韻的。

乙：對，所以幾年前我們對談，就是粵語所謂"傾偈"，已經解釋過這點，不過你剛才集合了幾個"念"字當頭的成語，表現了佛教強調"意念"，微觀分析，一念中可以有許多許多起伏生滅，可以貫通和往來三千大千世界，真可見佛教在日常語言和中國文化上的影響。

甲：世界、大千世界、花花世界、森羅萬象、恆河沙數，這些都是。

乙：我們不如彼此搜羅一下有關的常用詞語、熟語、諺語、成語。

甲：好，由我開始，不過不是唯我獨尊。

乙：據說釋迦牟尼一生下來，就目視四方，周行七步，一手指天，一手指地，說：天上天下，唯我獨尊。

甲：我不知道對佛學真有研究的高僧大德，是否相信這個神話，釋迦牟尼從來沒有稱自己為神。

乙：他當然不是神，只不過後人對他過分崇拜，由"一瓣心香"，而"借花敬佛"，而"五體投地"，最後變佛為神，大背釋迦原意。

甲：釋迦當然有許多地方了不起，他的十大弟子也都各有不凡之處，譬如得意弟子阿難，道行高深，品學兼優，人也極之俊美。

乙：像馬英九。

甲：於是深深地愛上了他的，有一位摩登女郎。

乙：摩登？打扮新潮、思想前衛、作風後現代？

甲：不是，不是，不是這一套。"摩登"本來是梵語，"摩登伽"是一種以清道為職業的賤民，阿難持缽乞水，有個摩登的懷春少女，就對母親說，非他不嫁。母親懂邪術，愛女心切，就迫阿難破戒。

乙：釋迦一定出手相救。

甲：對，不只救徒弟，而且救那女郎。他顯示了人身不潔的道理。

乙：瀟灑今朝美少年，龍鍾他日醜翁嫗。

甲：你一定偷看了摩登女的聽講筆記，或者旁聽過她"現身說法"的見證大會。

乙：沒機會，沒機會，余生也晚，連摩登婆婆也經過了後來印度密宗的興起與佛教的衰微，回教的入侵、印度教的復興，經過長時期的英國統治，如今也滿口 Modern English，不知佛法為何物了。

甲：轉變次第奇特，實際普遍。

乙：十個字，五個詞，全部出於佛教經典翻譯，現在一般人都不知道了。

甲：連"現在"也是出於《俱舍論》卷二十，指事物正在發生作用的剎那之間，在"未來"之前，"過去"之後。

乙："現在"我們日常使用的許多詞語，在"演說"和談話中常常聽到的，如"手續"、"道具"、"方便"、"真相"、"信仰"、"流通"、"真理"、"投機"、"志願”、“罪過”等等都是。

甲：“律師”原來指專精戒律的導師，“單位”原本是僧侶集體打坐時貼着名單的各人座位，今天完全不是這個用法了。

乙：有些稍為容易猜到一點。佛家也和道家一樣，指出常人執着的許多“分別”、“差異”都是“相待”的、“相對”的。不過他們更強調真如法界，即所謂“大我”，是無所待的、“絕對”的。

甲：抖擻、忍辱、自覺、開化、無邊、入流、安詳、感應，這些都是出於佛教，多數人也不大察覺。

乙：除非這方面有特別興趣，有觀察了悟的“心”，和明亮的“隻眼”。

甲：合而稱為“心眼”，不過做人不可“小心眼”，要如佛經中“色究竟天”之主，摩醯首羅般，“別具隻眼”──有第三隻眼睛，豎生在額上。

乙：不要“妄想”像昆蟲，一對大複眼，中間還有三隻單眼。“莊嚴”有餘，“安詳”不足──雖然說眾生“平等”。

甲：“妄想”莊嚴、安詳都本是“正宗”佛語，有特別意義。

乙：用多了，用廣了，就漸漸改變，清末民初西學湧入，學者手忙腳亂，就把字面意義看來相近的借過來賦以新解，翻譯洋文。“自由”、“平等”實體以至Vacuum譯為“真空”，就是一個顯著例子。

甲：我們分辨聲調，讀過明朝高僧釋真空的《玉鑰匙歌訣》：

乙：平聲平道莫低昂，上聲高呼猛烈強；

去聲分明哀遠道，入聲短促急收藏。

清楚生動，值得讚嘆。

甲：有些詞語就明顯帶着佛教色彩：悲觀、煩惱、苦惱、真心、恩愛、割愛、愛河、心田、心地、心境、安心、真諦、懺悔、色相、定力、根性、積習、圓滿、圓融、圓通⋯⋯都是。

乙：老兄一開"金口"，便知"境界"，佩服佩服！

甲：貧子說金，罪過罪過。

乙："罪過"本來出於《周禮》管刑法的"大司寇"之官。隨着佛教用為惡孽過犯的總名，就流行而成習見的俗語。

甲：受刑而死，也算"橫死"，"命根"雖然不斷，恐怕沒有"機緣"登上"天堂"，接受"供養"了。

乙：你的"機鋒"真的不錯。我們可以繼續對談，驅走"睡魔"。

甲：我們可能"前生"也是好朋友，都沒有做過壞事，在死後"七七"四十九日的"中陰身"階段，又獲得"超度"，能夠"出生天"，再做對談的佳侶。

乙：我們是對談的好夥伴，但是不必信"輪迴""轉世"這一套，"報應"之說，"宿命"之說。一切"隨緣"、"隨喜"好了。

甲：你再多"諦聽""上乘"佛法，看看會不會遁入"空門"，"苦行""修持"，戡破"無常"、"執着"，獲得"解脫"的"慧眼"與"法寶"。

乙：等着瞧吧。現在讓我舉出一些三字和以上的佛教詞語：身體是"臭皮囊"，學歪了道而狂妄自信的是"野狐禪”，真理的言語是“海潮音”，真理本身是“第一義”，只知把真理掛在口邊的是“口頭禪”，連途徑也未看清楚的是“門外漢”，大力一族是“大力士”。

甲：“十八層地獄”是十道之中最苦的，“女大十八變”這話原來變自羅漢入滅前的十八種神變。“金剛不壞身”出於《涅槃經》和《大寶積經》。“一棍子打死”、“火燒眼眉毛”，分別出於《雲門錄》和《五燈會元》所載的禪門公案。

乙：公案很有趣，它原本意義是公家官府斷案的文牘，禪宗認為歷代祖師典範性言行，可作學人迷悟是非的標準，所以又稱“公案”。佛家相傳釋迦降世的種種異象，雲門禪師說：“我當時若見，一棍子打死，與狗子吃卻，貴圖天下太平”，就是所謂“訶佛毀經”，破除偶像與神話，回到自己本有的心性主宰去。

甲：求人不如求己，一動不如一靜。

乙：冤有頭債有主，如人飲水冷暖自知。

甲：解鈴還須繫鈴人——以上這些都是高僧名言，喻示“自力解救”是唯一超越煩惱的方法。

乙：禪門公案，高僧警句，最多見於唐代的《法苑珠林》，和宋代印刷術興盛，語錄流行之際，《五燈會元》、《景德傳燈錄》、《指月錄》等等作品，以及鼎鼎大名的《六祖壇經》，有些就出自其他經論，或者真的從天竺西域傳來譯出，或者其實是中國僧徒託名自造。

甲：自古以來就喜歡這一套。諸子百家、道教的經卷，諸如此類，數不勝數。不過最流行、影響力最大的還是佛教，由此而生的熟語、諺語也特別多。

乙：前言不對後語，送佛送到西天。

甲：唐三藏上西天求經故事，千百年來婦孺盡曉，連"平時不燒香"的人，也難免"臨急抱佛腳"，因為一切逃不出如來掌心。

乙：當然一切其實另有主宰。泥菩薩過江，自身難保。不過人就是這樣，有事有神，無事無神，無事不登三寶殿。

甲：本來是莊嚴場所，非敬拜禮佛不得閒逛，如今變成"無所求就不上門"的意思，也是語意隨時而變的一個例子。

乙：對神對佛都是如此，對人更難免趨炎附勢，一切志在利用，見得多，也就泰然，甚至麻木。

甲："閻王好見，小鬼難當"，"見怪不怪，其怪自敗。""如人飲水，冷暖自知"，"不因一事，不長一智"，如果因此而"無明火起三千丈"，最是無謂。

乙：善有善報，惡有惡報。若還不報，時辰未到。

甲：善惡到頭終有報，只爭來早與來遲。救人一命，勝造七級浮屠。這類話，千百年來在小市民心中發揮了無比的規範和鼓舞力量。

乙：放下屠刀，立地成佛。苦海無邊，回頭是岸。

甲：做一日和尚撞一日鐘。閻王判他三更死，不許留人到四更，一切都是無奈。

乙：四字成語與佛教思想有關的更非常多，除了剛才先先後後提過的十多個以外，我們再集中舉例一下。

甲：同高深微妙的心念有關的，例如，不可思議，想入非非。

乙：佛教説三界之中，"慾界"、"色界"之上是"無色界"，其中四天又以"非想非非想天"最高。非想，是超越一般的"粗想"，但又不是無想，而是有定力湛深的"細想"，所以是"非非想"。

甲：高深微妙，玄秘深奧，難怪凡夫俗子寧願作世俗的所謂"想入非非"。

乙：同三世相續、轉輪不休觀念有關的，如"生生世世"，"劫後餘生"。

甲：現在一般解作大災大難之後，痛定思痛的日子。不過佛家所謂"劫波"Kalpa的譯音，原本是宏觀的時間單位。

乙：歷盡劫波兄弟在，相逢一笑泯恩仇。

甲：古印度人不論宏觀微觀都極誇張，又喜歡細分層次。起先我提過"剎那"、"彈指"之類，相對的極端就是"劫"，據《長阿念經》卷卅三和《法苑珠林》卷三，用輕軟的天衣，每三年拂拭一下方廣數十里的大石，到大石化為微塵，就是一小劫。八十小劫為一大劫，無數大劫為一"阿僧祇劫"——

乙：唉，真誇張！

甲：每一劫是一個"成、住、壞、空"的過程。成長、停留、崩潰、消失。壞、空之際，世界大火災，大海枯竭。

乙：海枯石爛，地老天荒。梁山伯與祝英台，羅密歐同朱麗葉，賈寶玉與林黛玉，此情不改。

甲：純情的青少年時代相信如此。如果不死而得諧連理，育女生兒，進入柴米油鹽的中年，五十年不變，才真難得。

乙：厚地高天，堪歎古今情不盡；痴男怨女，可憐風月債難酬。

甲：前因後果，一切都是宿世因緣。

乙：可喜的是香火因緣，可怕的是冤冤相報。

甲：佛說一切都唯心所造，說人的心思每每躁亂，意念常常奔馳，所以說"心猿意馬"。

乙：心領神會，心花怒放，心心相印，這些話都出自佛典。

甲：釋教當然最敬大慈大悲的佛，禮拜要"五體投地"，有人要"粉身碎骨"以"借花敬佛"。

乙：佛說法時，諸天感動，所以"天花亂墜"，令人"大開眼界"。

甲：佛家千言萬語，不外要人認識一切都是鏡花水月，電光石火，夢幻泡影。

乙：一切有為法，如夢幻泡影，如露亦如電，應作如是觀。

甲：基督徒也聽過《金剛經》。

乙：基督徒也可以名為"六如"，"虛空的虛空，都是捕風"嘛。如果明代的唐寅——

甲：點秋香的唐伯虎。

乙：對，"寅"年屬虎。如果唐寅不信"生肖"之類，甚至離佛歸耶，他仍然可以保留"六如居士"的稱號，而引用《舊約》的《所羅門傳道書》的上述名句。

甲：生老病死，佛家所說八苦的頭四項，真是人人不免。

乙：甫生即死的嬰兒，甚至胎死腹中的生命，只不過是在極短時間之內，完成了四個階段。

甲：禪宗六祖臨死，就說是落葉歸根。

乙：迷執的人，就"一廂情願"，"痴人說夢"，"盲人摸象"，像《百喻經》所說的愚人單戀公主，像那一大串獼猴相牽撈月，結果全都墮下井裡。

甲：《百喻經》許多有趣故事，有個財大氣粗的暴發戶——

乙：胖臉金牙，滿身煙酒臭氣，挺着大肚子，鄉音無改——

甲：不會是你熟悉的朋友之一吧？他僱人建屋，說只要金碧輝煌的最高樓閣；不要浪費氣力建低層和基礎。

乙：此之謂"空中樓閣"。

甲：一切都是自身的六根不淨，"自欺欺人"、"自作自受"招致煩惱，所以說"家賊難防"，這是《五燈會元》梁山緣觀禪師的著名比喻。

乙：飛蛾撲火，雪上加霜。

甲：迷執太甚的人，就無惡不作，十惡不赦，變成蛇神牛鬼。

乙：這些常用的成語，原來都有佛經典據。

甲：喜歡表現佛教知識的大作家就名小說為《天龍八部》。——"諸天"就是"眾神"，與"龍"都是護法八部之首，其他還有"夜叉"、"阿修羅"、金翅鳥、大蟒神等等。

乙："夜叉"本來是"勇捷者"的譯音，不知怎的，在小說戲劇中變成黑夜出現的、持着鋼叉的獰鬼。

甲：這是一知半解的人望文生義。不過真正由常人變成獰惡的精靈的，是好勝而好鬥的阿修羅，"修羅場"就是殺戮戰場。一切源於嫉忌。

乙：真有意思，所以佛與菩薩，要"現身說法"，不惜變現為凡夫形象，"灰頭土面"，以普渡眾生。

甲：有時眾生痴迷，執着謬見，獨具卓識的道生法師唯有跑到蘇州虎丘，聚石為徒而說法。

乙：生公説法，頑石點頭。後來真理大白，於是有口皆碑。

甲：勸君不用鐫頑石，路上行人口似碑。也是見於《五燈會元》的名句。

乙：禪師們誨人不倦，反復叮嚀，可惜絮絮叨叨，都只在概念名詞上纏繞——

甲：就像不懂得結合人生實事，不敢取社會時事來講道，"講來講去三幅被"的某些傳教士，被譏為"對牛彈琴"，"吹大法螺"。

乙：又像大文豪錢鍾書先生幽默地改作：老嫗作詩，欲使白傅能解，嚕嚕囌囌，謂之"老婆禪"。

甲："苦口婆心"，總是好的；可惜是手忙腳亂，拖泥帶水，指東畫西，隔靴搔癢，總不能單刀直入，一語道破，當頭棒喝，恍似暮鼓晨鐘，把四大皆空、一塵不染的不二法門，醍醐灌頂地開示，讓眾生自由自在，海闊天空，足以安身立命，一絲不掛——

乙：厲害厲害，串連了十四五個成語，都有佛典——最後為什麼參加"無遮大會"的天體營？

甲：不是赤裸裸，是超然灑脱，無礙無執，雖穿衣吃飯，卻未曾咬着一粒米，掛着一縷絲。這個道理，時時可以公開宣講，任何人都可以參加，全無限制，所以叫"無遮大會"。

乙：人都把嚴肅的詞語色情化了。"風流"、"風騷"，都是如此。

甲："色即是空，空即是色"，也不例外，"色"是"形相"不是"女色"；"空"是"不能自主"，不是"虛無"。

乙：這些名詞術語如果有知，一定"皆大歡喜"，多謝你還他們以"本來面目"。

甲：善於説法的禪師，因應善男信女的根器，廣結善緣，隨機應變，"橫説直説"，順水推舟，看風駛舵，有時是拋磚引玉，有時是以毒攻毒，頭頭是道，水到渠成，功德無量。

乙：老兄再展身手，又十多個成語。

甲：不過無論道行如何，甚至半路出家，僧尼的行住坐臥，總有許多清規戒律。最重要的，是在修養上勇猛精進，七手八腳，打成一片。

乙：打成一片？不是大打出手吧？

甲：不是。這出於《續燈錄》德光禪師之語，是説環境雖然雜亂，都可以耳無聞，目無見，苦樂逆順，打成一片。這樣就開花結果，超凡入聖了！

三、三教爭雄競說心

甲：講"心"是中國文化特色。

乙：中國文化以儒家為骨幹，因此，講"心"的傳統應該也與儒家有關。

甲：你這個三段論式邏輯推理好險！好在寫儒家相競相補的道、佛兩家也是以"心"為主，所以共同構成這個特色。

乙：多謝指教，請受小弟一拜，尊你為師。

甲：豈敢？豈敢？我們的共同老師，是至聖孔子。

乙：差不多三十年前，孔子在神州大陸被許多人痛毀極詆，如今又似乎恢復了名譽。

甲：那些跟風盲徒的敗類，炎黃的不肖子孫，多說也臭了口。發現了科學定律的科學家千古揚名，發現了人心善性的教育家更加百世流芳。"批孔"的人早已身名俱滅，孔子對人類文明的貢獻永垂不朽。

乙：如果老兄是舊日的皇帝，可以寫首五言律詩和唐明皇比個高下了。

甲：其實孔子安貧樂道，所謂"草木有本心，何求美人折"，後來有沒有皇帝作詩讚美不要緊，最要緊是當下此心安適。

乙：所以他和學生宰我辯論喪葬問題，也説："你安心，便去做吧"，一切道德倫理，不外是內心安樂與否的問題。

甲：有趣的是：《論語》之中，提到"心"字只有六次，提到"仁"字卻有一百零九次。

乙：這是楊伯峻的統計，徐復觀先生解釋得最好：所謂"仁"，就是無限的同情心和無窮的上進心。人不甘墮落為禽獸，不忍看見他人受苦，這種人所共有而又獨有的價值自覺心，就稱為"仁"了。

甲：今天我們還稱那果實裡面的種子、生命的蘊藏中心為"仁"。例如杏仁、欖仁、果仁等等。不過還是孟子説得直捷："仁，人心也"，"心之官則思"，這些《告子篇》的著名命題，就清楚告訴我們：仁就是人心的特質，人心的官能就是善惡問題的思考。

乙："孟子十四端"的講法很好。他用人們忽然看見小孩子快要跌下井，就必定自然而然地有驚懼、傷痛、不忍之心，來論證"惻隱之心"是仁愛的起點。有人批評他其他三端：是非之心、羞惡之心、辭讓之心沒有論證——

甲：他説過：人都有不願被人呼來喝去、指着鼻子直叫"你！你！"的心，這就是羞惡之心。

乙：是的，不過，一句話；我們從人類的同情心、榮譽心、羞恥感、罪惡感，就可以知道道德確是出於人類獨有的天性。禽獸沒有，所以怎樣訓練培養也弄不出來。

甲：難怪即使在功利當頭、道德感普遍薄弱的今日，那些行為乖謬、寡廉鮮恥的人，仍然被詆為"人渣"，就是什麼人性的高潔成分都沒有了，只有軀殼、肉體，這些物質渣渣。

乙：是啊，這類人古今中外都有，我們也不必舉例，免得污
　　了口耳，損了筆墨。好在即使大奸大惡的人，也會"作
　　賊心虛"，這就是良知未泯的表現了。

甲：所以孟子以"盡了良心，就知道天性；知道天性；就明
　　白天道"，作為修養極致了。

乙：是的，現在我們仍然說："良心是天生的"，不過，這
　　個"天"究竟是什麼？天為什麼對人如此寵愛，給人以
　　禽獸所無的良知呢？

甲：孟子說"聖而不可知之謂神"，你這個問題最後恐怕要
　　歸到"眾神之神"，那位唯一而真正的造物主了。

乙：這個問題或者我們以後再說。儒家的第三位大宗師，那
　　位崇拜孔子的荀子，在《勸學篇》也說"積善成德而神
　　明自得，聖心備焉"；不過他又主張"性惡"，所以反
　　對孟子。

甲：他所講的性，主要是人的動物性；與孟子所說的"人之
　　所以為人的特性"不同。所以到最後，荀子就不能自圓
　　其說：如果人性是惡的，那善的認識能力、實踐能力，
　　又從何而來呢？

乙：荀子所講的"心"其實又與孔孟不同，是一個虛靜清
　　明、可以認識外物之心，就像一盤穩定的清水，可以像
　　鏡子一般，連鬍鬚眉毛都反映清楚。

甲：有一次，著名的達賴喇嘛和台灣的聖嚴法師，兩位高僧
　　在美國紐約對談，一位是"密宗"，一位屬於"顯教"，
　　就都用一盤清水做比喻，形容人心。他們的共識是：要
　　當下安心，使水中的污穢沉澱下去，才會恢復靈明清

澈。

乙：相信荀子有知，也喜歡他們用自己用過的比喻。不過他們都沒有解決一個問題。

甲：什麼問題？

乙：為什麼會有沉澱？水為什麼會動起來？為什麼會靜下去？是不是可以靠自己靜下去？

甲：對呀。問題真不簡單。不過，按在中國的發展先後，我們還是要先提老莊，後說佛教，不然，恐怕道士們會抗議，說我們偏幫和尚。

乙：不會吧？雖然歷史上不少佛道之爭，不過最後都融和解決。戒鬥止爭，是佛道兩教的共同主張。當然，道家又不同於道教。道教是中國種種原始信仰、多神崇拜的大集會，道家是個人的修養哲學。老子莊子，本來只是思想家，被人硬穿上法衣道袍，去充當教主了。

甲：老子講"無為自化，清淨自正"，莊子更把他虛靜無為之道巧妙地描繪發揮，讓個人的情意之心逍遙自得，觀賞萬象。

乙：老子提到"心"的話似乎不多。

甲：不過老子的原文本來就很少，只有五千多字，王弼把他分為八十一章，其中有四、五處提到"心"字，也不算太少了。而且沒有用上"心"字的地方，其實也是關乎"心"的修養。

乙：他主要是說，"馳騁田獵"之類物慾引誘，"令人心發狂"；因為"心使氣曰強"，使錯地方便不得了，所以"聖人之法"要"虛其心"，要"不見可欲使民心不亂"，眾人一窩蜂追逐這樣，爭奪那樣，有修養的我，卻虛靜無為，人都覺得"我愚人之心也哉"，其實這樣才能真正保存自己。真愛百姓的人，應當提倡這個道理，所以說"聖人無常心，以百姓之心為心"。

甲：佩服！佩服！老兄一口氣幾乎把《道德經》所有關乎"心"字的都用上了，可謂大得老子之心！

乙：豈敢？豈敢？大得老子之心的是莊子。

甲：莊子最喜歡創作寓言，特別是常常把孔子拉來做故事的主角，以調笑儒家，規勸世界。

乙：對了。在《人間世》篇，他就拿孔門最有心性修養的孔子首席門徒顏淵來做配角，說自己家貧，酒也不喝，肉也不吃——

甲：不是不吃不喝，而是窮得要命，又沒有免費午餐。

乙：對。顏淵就問孔子，這樣算是齋戒了吧？孔子說，這是物質的層次而已，精神上的"心齋"更重要。

甲：心靈怎樣吃齋？

乙：物質的齋戒不吃肉、不飲酒；精神的齋戒，就是不放縱慾望，不放縱情緒，所以他說：心齋就是讓精神純粹專一，所以，譬如聆聽吧，不要用耳朵聽，要用心聽，甚至不要用心聽，而要用氣聽——"氣"是極空虛，極靈妙的，空靈的極致，就是道的所在了。

甲：真是玄妙到不得了，我開頭很明白，後來又似乎有點把握不住了。

乙：荀子批評莊子"蔽於天而不知人"，還是人倫道德的理論比較踏實，荀子下開漢朝的經學，《禮記·大學》篇就大講"正心誠意"——

甲：朱熹不是說《大學》分為經一章、傳十章，前者是"孔子之言而曾子述之"，後者是"曾子之意而門人記之"嗎？

乙：他這話其實不知有何根據。清朝大學者戴震小時候就問塾中的老師，那老師當然也答不上了。現在大家都傾向相信：《大學》是一篇很有代表性的道德倫理政治論文，應該是漢武帝之前的作品，作者是誰就不知道了。

甲：他的作者，後人不確實知道；他理論的清楚和思想史地位的重要，就許多人早就知道，所以地位越來越高，到南宗大儒朱熹手上，就與《禮記》另一篇也是非常重要的論文《中庸》同樣獨立出來，配合《論語》，《孟子》而成為《四書》了。

乙：韓愈的代表作，那篇份量極重的《原道》篇，有一段就引述《大學》原文，以積極入世，道德有為的心，來批駁佛道兩家消極逃避、蔑棄倫常的心。

甲：在儒學與佛道二家"心靈之戰"中，韓愈真是一員勇悍的大將。奇怪他又推崇後世評價並不那麼高的揚雄。

乙：揚雄就是政治智慧不夠高，經典的學問、詞章的功力，還是很好的。他以文章為"心畫心聲"——心靈的圖畫、心靈的音樂——這比喻就很不錯。

甲：揚雄也算是儒家。自古以來，中國文化就是"儒道互補"，而構成中國文化哲理骨幹的儒道兩家，又都不斷講"心"，真有意思！

乙：後來加入思想戰團，與儒道兩家鼎足而立的佛教，把"心"談得更加有趣。

甲："佛教"就是"覺悟者之教"，講心是他的當行本色。你剛才用過一句成語："作賊心虛"，就是出自宋代重顯禪師，見於悟明所編的《聯燈會要》。

乙：這個典故的來源真僻，知道的人恐怕極少了。

甲：翻開厚厚的佛學大辭典，有關"心"的詞語，簡直多到把人淹沒，令人心亂如麻、心驚肉跳！

乙：對。從"肉團心"——就是物質的心，到"妄想心"、"真如心"——就是精神上從迷執到覺悟各種層次的心，真是洋洋大觀，服了他們的繁瑣、精密！

甲：太精密、太繁瑣，會不會又形成另一種迷幻，執著呢？

乙：是一個問題。不過他們以"心"為一切感覺、認識、思想、意志的基礎，所以稱為"心地"；"心"又通常搖盪不定，把映現的萬象都弄得不正確、不安定了，所以稱為"心水"。

甲：媽媽：大表哥的心地很好，很合我心水，你就讓女兒嫁給他吧。

乙：唉！不要重播粵語殘片民間傳奇了。當然，"心地"、"心水"之類日常口語，也是佛教早已成為中國文化一部分的一個好例子。

甲：我聽過一首詩：

　　　春有香花秋有月，夏有涼風冬有雪；若是此心得安閒，便是人間好時節。

此心安閒，就什麼都可喜可樂，真是禪味十足，很有意趣。

乙：對了，佛經雖然繁多，裡面提到"心"的雖然指不勝屈，不過《般若經》所謂"種種世法皆由心"，《大智度論》所謂"心即是佛"，已經可以代表一切。

甲：所以佛家的基本精神是"自力救濟"。自己的心能覺悟，就不必其他力量幫助；否則，誰也幫不上你忙。

乙：問題是所謂"自己的力量"本身又從何而來。不過這一點我們將來再談。

甲：佛教的講法，無可否認是很有吸引力的。他們説：世間一切，都不過是心靈幻像，像鏡中之花，水中之月，都是幻影。如果我們因為這些幻像——財富啦、權勢啦、名位啦、美色啦等等，而痴迷、而爭鬥、而煩惱，不是太不值得嗎？所以當初拿得起，現在就要放得下。

乙：對。放下、自在。

甲：是啊。古往今來不知多少人，絕頂聰明，也絕多煩惱，最後往往歸依我佛，看破、看化。

乙：是不是真的破、化，也很難説。人生就是充滿了矛盾、迷與悟的交纏，此與彼的抉擇。即如那位武俠小説名家，當人們交口稱譽他為"文學史上的大宗師"，甚至讚的人本身也是名家，而借杜甫推崇孔明的詩句："萬古雲霄一羽毛"，把他捧了上天，他能不能真的"放下"、"自在"，不飄飄然心花怒放？唸中國古典文學的都知道鼎鼎大名的劉勰，他寫《文心雕龍》的時候，寄住在佛寺，不過還是一位向慕孔子滿懷壯志的書生，到後來做了一會小官，終於剃度出家，做了和尚。

甲：可惜不夠一年就死了。當初他把自己那本文學評論巨著取名為"文心"，也可見對"心"的重視。

乙：從前有不少學者，在唯物論壓倒一切、唯心論罪大惡極的特定時間空間，還死命替《文心雕龍》塗上保護色，説他也有"唯物"成分，或者只是"客觀唯心"，不是"主觀唯心"云云，現在看來，真是可悲可哂。

甲：學術被政治干擾，甚至奴役，實在是可歎可恥了。不過學術思想、哲學宗教，又都離不開政治。譬如輝煌燦爛的唐朝，也利用老子，扶掖道教。

乙：不過唐太宗也獎助佛教，書法家的藝術名品《聖教序》就是他的"御撰"，三藏法師玄奘千辛萬苦取回西經，就受到他的敬禮。

甲：玄奘帶回的主要是"法相唯識學"的經典，心理名詞非常繁富。簡直到可怕程度。玄奘法師主持的佛經繙譯工作，在文化史上也很有貢獻，只是他那個專門宗派始終在中國開展不來，怕就是不對中國人的胃口。

乙：你說得有道理，"法相"就是"一切事物現象"，"唯識"就是"不外乎心識所造"，佛家認為所有山河大地，觀念感覺，都是一心的不同認識功能——眼、耳、鼻、舌、身、意六識，以及第七識"末那"，就是"自我認同"，最後是第八識"阿賴耶"，就是"一切所藏"，種種心識的幻覺造成。唯識宗就致力於仔細分析這些心識的性質、功能、分別、弄出千百個名詞、概念和無數經典，文字又艱深僻澀，譯不勝譯，解無可解，不等到唐武宗會昌滅佛，就衰微不振了。

甲：對，他們就是倚靠書本知識過甚，書一燒，學問就失去了。而且，太愛書本知識，被書本名詞牽着鼻子走，並且以之為驕傲，不是正好和佛教本來的宗旨相反嗎？一切經典、教訓，都像手指，指着那個真理的月亮，讓人看見；如果以為手指就是月亮，那誤會不是太大嗎？其實只要心靈的眼睛打開，發現自己的本性，就都夠了。

乙：恭喜老兄：真是與佛有緣，得到明心見性的不二法門了。

甲：豈敢豈敢，我也只是“口頭禪”——把聽來高深玄妙的名詞掛在嘴巴上面，賣弄賣弄而已。其實我對佛教什麼宗派，都所知甚少。

乙：你太謙了。説起來，佛教不論何宗何派，都以“禪定”作為基調。所謂“戒、定、慧”三學，由持守戒律而獲得智慧，中間禪定是不可缺少的關鍵。

甲：現在許多人一提到“禪”字，就覺得抽象到不得了，玄秘到不得了。

乙：也時髦到不得了。

甲：究竟“禪”是什麼東西？

乙：你是明知故問，考考我了。禪是“禪那”譯音的簡稱，就是靜坐思慮的意思。佛教徒相信藉此可以真實地發現自己的本心，迸發出超越現實的智慧，放下以生死問題為核心的一切煩惱，得到徹底的自由自在。

甲：對了。真正認識“諸行無常”，真正體驗“諸法無我”，一切都變幻不實，一切都不由自主，於是不再迷執，於是得到覺悟，就可以“涅槃寂靜”了。

乙：佛教所謂“三法印”——三個印證真理的標準，被你説盡了。其實佛教數以百計的經典的萬語千言，也不外是這幾句話，問題在是否真正體會，抑或只是説説而已。

甲：所以據説禪宗五祖弘忍準備要傳授衣鉢，大熱門候選人神秀作了一首佛偈：

　　身似菩提樹，心如明鏡台；

　　時時勤拂拭，莫使惹塵埃。

那位天才思想家，不識字的惠能，就依他的原韻批駁他説——

乙：不識字，怎會作詩？

甲：可以叫人寫嘛。哈、哈，請不要打岔。惠能説：

　　菩提本無樹，明鏡亦非台；

　　本來無一物，何處惹塵埃？

可見神秀仍然傳統地重視靠修持而漸悟，惠能就指出：以菩提樹作為心所依傍的身也好，以明鏡台作為澄清映照的心也好，都是比喻，都不必執著，一旦真正覺悟，就什麼都可以放下——連一切文字、經典，義理都可以放下，而得到大大的自在。

乙：對，所謂“法尚應捨，何況非法”，連佛法本身都可以放下，還有什麼不可以放下的呢？這真是革命性的想法。

甲：不過據禪宗的六祖壇經説：這才是佛祖本來在靈山法會上拈花微笑，所謂“不立文字、教外別傳”的真正心法。一代代單線祕傳，不經過任何中間媒介，上下兩代兩位覺悟者心靈直接印證而傳導下去。

乙：就像電線接駁的插座與插頭。

甲：不過沒有分支。那時沒有電線這個比喻，就用印章與印泥，謂之“心心相印”。

乙：這麼羅曼蒂克啊！

甲：什麼羅曼蒂克？本來就是嚴肅的宗教哲學境界嘛。

乙：是啊，即使男歡女愛吧，由錯戀而初戀，變熱戀為狂戀，心心相印的結果，可能是喜劇，更可能是鬧劇，甚至悲劇，總之是荒謬劇。

甲：其實當年禪宗也有爭衣缽，爭正統的煩惱，《六祖壇經》

就是南方頓悟一派的話，貶抑漸悟的北派的見道不夠徹底，當時惠能要倉皇南遁，南北兩派各稱"六祖"，又各造經典來互相競爭，以後又不再有所謂七祖、八祖。可見靠人自己的心去消除煩惱，要真正"放下、自在"，真是談何容易！

乙：不過當時他們的講法確又十分吸引，許多覺得儒家不足，道家單薄的人，就走向佛教，讓自己煩惱的心，得到解脫。

甲：從魏晉南北朝到隋唐，儒道佛三家混戰了幾百年，佛教出現了擺脫印度經典傳統而號稱直接佛祖真傳的禪宗。

乙：《雲門錄》那個故事很有意思。傳說釋迦牟尼出世，一手指天，一手指地，周行七步，眼看四方，說："天上天下，唯我獨尊。"禪師說："我當時若見，一棒打殺與狗子吃卻，天下太平。"他的意思是，最重要是自己內心的直接感悟，一切從印度而來的經論之別、教義之爭，以及由此而生的迷執自大，偶像崇拜，都沒有意義。

甲：對。所以學者稱禪宗為"中國佛教"，儒家也出現了吸收佛道二家理論，擺脫漢唐傳註糾纏，而號稱直接孔孟直傳的理學，學者稱之為"新儒學"。

乙：這和二十世紀以來的新儒學又不同。現代新儒學是借了一些西方哲學的講法，也肯定當代民主、科學、法治等等的普遍價值。當然，仍然襲取一些佛教心性理論，作為自己的思想武器。

甲：這些武器是否靈光呢？且看他們是否可以感動群眾，造成社會性的影響，抑或連在一小撮高級專業知識分子之間都展開不了，就知道了。

乙：中古的新儒學卻是聲勢不凡的。我們今天檢討宋明理學，當然知道他對先秦儒學的開物成務精神無所承繼，對君主專制的毒害既不認識，亦無辦法，對原先缺乏的科學精神也貢獻絕少，不過，他們對個人道德與心性問題的重視與研究，卻是可以肯定的。

甲：理學家都反對佛道二家，尤其是禪宗，卻又無一不受禪家佛學的影響。譬如說：他們都拚命講“心”。

乙：對呀。北宋善於講術數的邵康節，說“心”就是“太極”，講“為天地立心”的張橫渠，說“天”實在無心，心都在人的心。大程子明道先生，講“心便是天”，南宋的陸象山說“心即宇宙”，和他對抗的朱熹，也認為人的一切性情，都由心統率。

甲：明朝大儒王守仁，提倡致良知說，更認為沒有人心之外，一切事物都沒有客觀存在，也沒有“心”以外的任何“理”，這和禪宗就幾乎沒有分別了。

乙：對呀，看來儒道佛這三家思想，作為中國傳統文化的三大支柱，就像中文“心”字那三點，被一個彎曲的鉤，連在一起了。

四、疑難何可心為本？

甲：有人聽了我們上次的對談，大表不滿。

乙：怎樣不滿？

甲：越說越玄妙，越聽越糊塗。

乙：唉，沒有辦法。心的問題，本來就抽象玄妙。人家聽得
糊塗，或者只怪我們學藝不精，表達不好。

甲：許多人說：其實三教九流，都不外勸人為善；只要有良
心，信什麼都相差不遠。

乙：是啊，也有人滿有自信地說：“我什麼東西也不信，只
信自己。”

甲：他“自己”難道“不是東西”嗎？他急症入院時候，信
醫生還是信自己？

乙：這是特殊情況。正常情形之下，他還是覺得自己英明神
武。

甲：英明神武的人，只可以處常而不可應變嗎？英雄老去，
武功漸失，他還信自己嗎？

乙：對啊，美人自古如名將，不許人間見白頭。白頭宮女話
開元，聽眾恐怕並不很多；換了當紅花旦一亮相，就萬
人空巷。生老病死，成敗得失，其實任何人自己都無可
如何，無能為力。

甲：所以，聲稱“只信自己”的人，實在是勇敢得近於狂妄了。上帝的位置，他也竟敢坐上。

乙：說“沒有任何信仰”的人，其實也有信仰——就是信自己。

甲：或者悲哀一點說：他相信這世界是“一無可信”的！

乙：唉，他一定不敢吃不是自己煮的東西，更不要說坐不是自己開的車，吃不是自己開的藥了。

甲：菜不是自己種的，車不是自己造的，藥不是自己製的，人怎能只信自己呢？

乙：好在大多數人都並非如此極端，否則早就精神崩潰了。許多人都說：儒釋道耶回，一切宗教，都是教人為善。所以信什麼都無所謂，都差不多。

甲：佛家所謂“諸惡莫作，眾善奉行”，只要不是邪教，任何宗教都同意——當然，邪教也不承認自己邪，也說自己教人為善。

乙：問題就在這裡。不同的宗教，所“宗”有不同的善，所“教”有不同之法。所謂“差不多”，其實既不正確，亦不可靠。

甲：想想也是。即如同謂之“善”；儒家以踐履五常，成就五倫為善；佛家以出家的僧尼為三寶，家族倫理就不能顧到了。道家說“天道無親，常與善人”，這個“善”，就是善於適應求生，並不是孔孟殺身成仁，捨生取義的善了。

乙：對呀，許多宗教都以行善為“義”，相信自力可以解脫罪惡，謀求幸福，中古歐洲教會還說教皇可以赦罪，大賣贖罪券以歛財，到復原教就是新教，振興聖經的訓誨，再申明"因信稱義"的道理。天主教尊崇教宗，禮拜聖母，神職人員一定要獨身，這些，新教都不贊成。基督教的舊約，就是猶太教的聖經。猶太教不接受耶穌為基督，回教卻又以耶穌為最後一位先知，而熱心聖戰。源於中東的以上幾種一神宗教都以人心為不可盡靠，偶像為絕不可忍，中國的道教卻崇奉許多來源不明，關係不清的神，而大拜偶像。佛教同樣多造偶像，所以別稱"象教"，但釋迦的原始教義，卻以自心為佛，並不仰賴他力得救。

甲：老兄是提了一篇極簡明的宗教比較綱要了。不過，也有些人認為：我也懶理這許多分別，總之有信錯，沒放過；拜得神多自有神庇佑，萬一上帝無暇，太上老君放假，還有如來佛祖捱捱義氣。

乙：這種信仰實在太功利，不嚴肅。可惜許多人的心態，正是如此。

甲：不過也有人是中國式的寬容傳統，所謂"道並行而不相悖，萬物並育而不相害"，所謂"天下同歸而殊途，一致而百慮"。

乙：對。西人也有諺語：條條大路通羅馬。有人覺得：造物主，絕對真理，恐怕到底是有的，不過並非有史以來任何一種宗教所能完全知道。況且信仰與信仰之間水火不容的年代應該過去了，今日是多元化的時代，不同宗教可以多多對話，多多攜手。

甲：我不知道老兄自己是否同意這個想法。我就始終覺得：傳教手段，一定要和平；交處態度，不妨多寬柔；但信仰立場，卻一定要莊正、嚴肅，如果為融和而融和，不

55

堅持自己的基本信念，不虔不誠，那就不如不信了。

乙：台灣盛行所謂儒釋道耶回五教合一的某種信仰，西方近年興起的新紀元運動，恐怕就有與你不同的看法。不過這些我自己沒有什麼研究。

甲：我也所知極少。當代對這類問題研究極多的學者似乎都同意：中國過去文化精神的最大特點，是多講"自力"而少講"他力"，梁漱溟、辜鴻銘等大師，都是這個看法。

乙：這也很難説。民間滿天神佛，佛教的淨土宗大唸南無阿彌陀佛，都是信靠他力。當然，論到儒、釋、道的基本精神，都是歸本於自己的心。去世不久的新儒學大師牟宗三，就始終堅持中國人不必信靠西人的上帝。他認為人只要認識、發展自己那個"超越而內在的心性主宰"，就可以開出道德，開出科學，開出民主。

甲：説開就開，要有就有，真是説得太容易吧？況且，稱得上"上帝"，也就是普世的，而不限於西人了。

乙：牟先生大概深受他少年時代以基督教為洋人信仰，為帝國主義侵略幫兇的那種思潮影響。四十多年前他和唐君毅、徐復觀幾位先生聯合作出向全世界的中國文化宣言，開宗明義就説"人性即天性，人德即天德"。可見他們是把自我的心無限擴張，難怪説可以不要上帝了。

甲：日本大漢學家吉川幸次郎也説過："中國文明是無神的文明"。

乙：中國人自古不是多神信仰嗎？

甲：那些所謂神，大都是山川精靈，死去的聖賢人物，或者來歷不明，由印度"移民"而來的神話人物，並非超越而獨一的真正造物主宰，嚴格來説，配不得一個"神"字。

乙：日本自己的神道信仰更是泛濫，斬了一批樹，就建個"樹靈塔"。所有死去的生物，不論善惡好歹，都成為神，像臭名昭彰的靖國神社，就供奉了許多侵華戰犯。廣島長崎捱了原子彈，實在是報應。

甲：精通唐詩的吉川，就借杜甫的名句慨歎："國破山河在"，其實正如你所説：是所謂"天道好還"的一種懲罰。

乙：他們有些人至今還不承認慘絕人寰的南京大屠殺呢！他們的神道信仰雖然多神，泛神，其實也等於無神，有位宗教家説：無神的政權，不是把人"神話化"，就是把人"物化"，真有道理。

甲：對呀，如果公義不得伸張，強蠻者無所敬畏，那任何政治結構，手上的武力越強，隨心的作惡越多，不過是聖奧古斯丁《上帝之城》所謂"有組織的強盜"罷了！

乙：至尊無上，被擬為神的強盜就更可怕。早就有人説過：中國歷代的專制君王，就是超級強盜。

甲：有些號稱為國學大師的歷史學家，還美稱之為什麼"士人政府"呢！我們難道不會細想：官員的權勢功名，根源何在？最高權力是如何產生？怎樣制衡？

乙：其實何止古代？任何人如果登上了最高位置而又可以放心任性而為，都會變成魔鬼！信他的良心嗎？邪情私慾、權勢成就，早已令他自高自大，自驕自滿，被稱而又自稱為一貫正確！靠祖先遺教、宗廟家法嗎？那些泥雕木塑的神像靈牌本來就是人手所造，而且，祖先如果真的有靈，也不外本質自私的人類所變，他能不偏私自己的家業和子孫嗎？

甲：簡單一句：過信人的本心，就必然過信人，就必然造成政治、學術、思想、甚至宗教人物的"自我無限化"，就必然無所制約而毒流天下！

乙：最近看到郭沫若一篇舊文章。他申述中國文化的傳統精神，說不論老子、孔子，抑或他們之前的原始思想，都把一切事業，由自我的完成出發。所以，他呼喊：在萬有皆神的想念之下，完成自己之淨化與自己之充實，至於無限、偉大而慈愛如神！

甲：真像他年青時候寫的白話口號詩。

乙：最近看到一本極好的書，是廣東出版，原本刊在《深圳商報》的"圖文互動"式的專欄文字，鄧康延的《老照片新觀察》。在一幅"大清國當今聖母皇太后萬歲萬萬歲"的一百多年前那個蠢蠻惡毒而又長命的女人肖像旁邊他寫道：

　　以一己之慾，罔顧蒼生，以一己之愚，扭曲山水，以一己之頑，膿留後世，是剛愎自用，朕即天下者的一貫。憑手腕，憑先訓，憑舞槍，憑愚民，統領江山草木，不容他人側臥，不容異見另想，不容新策良方。把國民弄窮了，把國體弄病了，把正直善良都坑了，把學問知識都抹布了，把抬轎子的都印把子了，狗日的還想萬歲？

　　真是字字珠璣，語語警世。

甲：他罵的恐怕不止是慈禧太后吧？

乙：你說呢？

甲：不管是誰。總之不知如何坐上了最高位置，就一定飄飄然自以為與眾不同，英明神武。

乙：是啊！有幾多志得意滿的人能夠反省：是誰使我與眾不同呢？我有什麼不是稟賦的呢？我有什麼可以真正誇口呢？

甲：歷史上無數青年才俊、有志有為之士，最後都變成顢頇貪酷的官吏、專橫昏暴的君侯。屈原的著名歎息："何昔日之芳草兮，今直為此蕭艾也"——我們也可以問一句：如果屈原自己得位行志，甚至飛龍在天，登上了九五之尊，情況會怎樣？

乙：這問題太殘忍。不如在重溫一下歷史之後，問一問：如果秦皇漢武，甚至公認的好皇帝唐太宗，長命十年，情況會怎樣？

甲：皇帝是千萬人之中難得一位，還是說讀聖賢書的普通人吧。有個著名哲學教授的舊弟子，以往逢年過節到老師家裡磕頭，咚咚地響，連跟着上樓梯的人都聽見了。後來成了名，到處講文化，就公開宣佈和那位死去的哲學家劃清界線，他說如果老教授當年掌握政權，也是另一名秦始皇、朱元璋，云云。

乙：唉，人心叵測！不過，他又說得並非沒有道理。
人按本性都想放任自己，而勝過他人，被人捧得多，誰都飄飄然自我膨脹。

甲：總之有了妻子，就要當老子；最好做人間天子，不管如何也不能丟面子。

乙：只有天在上，更無山與齊；舉頭紅日近，回首白雲低。

甲：好詩！好詩！想不到老兄氣魄胸襟如此高遠宏大，再進一步，便"欲與天公試比高"了！

乙：不敢！不敢！我沒有這樣大的口氣，是少年寇準詠華山的詩。

甲：華山論劍。人都想做武林至尊，否則至少也是一幫之主。

乙：傍住幫主綁豬。

甲：什麼？

乙：開玩笑，我發明了兩句東西，測試人家粵語聲調掌握得準不準。這是其中之一。

甲：連"綁豬幫"的幫主，也要"傍友"，助長聲勢，給足他老人家面子。

乙：小頭目的"馬仔"，也要面子。《孟子》〈齊人有一妻一妾章〉最有意思：連那個乞丐，也要"驕其妻妾"。

甲：那是個什麼時代？連在墳場討飯吃的乞丐，也有妻有妾！

乙：可能他是丐幫幫主吧。兩位押寨夫人"相泣於中庭"，不知道幫主大老爺怎樣大振夫綱，維持面子？

甲：保證不會學那"輸不起"的項羽，一句"無面目見江東父老"，便烏江自刎。

乙：市井流氓比世家子弟輸得起，這是劉邦最後勝利的原因之一。

甲：自稱是高祖苗裔，號為"皇叔"的那位劉備，敗得多，哭得易，輸得起，於是被他從零開始，好好歹歹也算鼎足三分天下。反而他的結拜老弟，關公，忠義勇武沒得說，就是太要面子，驕兵必敗——或者嚴肅一點的說法，不叫"敗"，叫"戰略轉進"，不過這次轉進，不是從荊州轉到益州，而是從陽間轉到地府（或者天上），還引致心急復仇的兩位弟兄，張飛被殺，劉備敗亡，傷了元氣，壞了國策。

乙：是啊！他是赤膽忠心，不過心也太大了。人家東吳求親，他大罵"犬子焉能配虎女"——其實孫權也不差嘛，連曹操都說："生子當如孫仲謀"。

甲：越是心高氣傲的人，越是死要面子；為了面子，不惜故為大言，甚至講違心之論，不惜作欺心之事。歷史上無數罪惡，都由此而生。

乙：即使不是大過大惡吧。誇己貶人，鬥爭閒氣，也極為無謂。譬如講對聯的，趣談李劉二姓相爭，一個說：

　　騎青牛，過函關，老子姓李；

一個答：

　　斬白蛇，興漢室，高祖是劉——

甲：姓劉的又跟姓項的鬥氣，一個說：

　　兩朝天子，一代名臣；

兩朝，是漢和劉宋；名臣，是劉基，姓項的答道：

　　烹天子父，作聖人師。

項羽擒了劉邦爸爸，威脅要烹他。

乙：劉邦就是江湖氣重，父子情輕，放膽賭項羽不一定真的下手。"作聖人師"是傳說中小兒項橐難倒孔子的故事。其實，能提出一些當時人沒辦法解答的問題來問倒聖人，有什麼大困難？要全面地真的"作聖人師"，距離還遠着呢！

甲：對。以偏概全，意氣第一，以為這樣就光宗耀祖，實在沒有什麼道理。

乙：情緒左右了心志，因爭面子而濫用心思、誤用心思的例子，古往今來實在太多。

甲：山高月小，古往今來。

乙：什麼？

甲：又是一個兩姓爭雄，以對聯來嘲人誇己的故事。岑胡兩姓互爭科名高下，有次姓岑的勝了，貼了這聯大吹一番。"山"與"今"，"古"與"月"：分別是岑、胡兩字的兩半。

乙：兩個人，鄉村上兩族人相爭，事情還不大，如果是兩個國家、兩個民族，甚至所謂兩個階級，各以自己的榮譽之心、甚至是非之心無限擴大，只知有己，不知有人，那禍端就大了。

甲：對極了。二次大戰，日耳曼人屠殺猶太人，日本人屠殺中國人，一幕又一幕歷史大慘劇，當初不都是自欺欺人，說是出於愛國之心嗎？

乙：是啊，當初殺人、害人、整人、鬥人的人，事後往往說是被野心家欺騙了，其實人的內心就是有着種種盲目衝動，才會被人一煽就起，一得勢就放縱。以這樣易偏差、易盲動的人心為本，問題真多，問題真大呀！

甲：著名的哲學教授、新儒學大師牟宗三先生，以人的道德自覺心，為超越而內在的主宰——

乙："內在"，怎樣又同時"超越"？

甲：唉，他說：懷疑這個講法的沒有資格談問題。

乙：因懷疑而談談問題，人人都有權吧？還說"良知自我坎陷"，可以轉出民主、轉出科學呢！

甲：不寬容，那有民主？不謙卑，那有科學？

乙：對。如果有緣面聆教益就好。不過他聰明的學生李天命博士也批駁這個講法。可惜牟先生高齡過世了。

甲：是呀，哲人其萎。孔孟老莊，程朱陸王，一代一代哲人，都歸於大化，徒然使後人無限追懷，無盡敬仰。

乙：陸象山兄弟的詩："孩提知愛長知欽，古聖相傳只此心"，身體都一代一代過去了，這"心"怎樣"千古不磨"，一代一代傳下去呢？

甲：基督徒相信這個恩賜來自永恒的上主，而上帝是個靈，超越萬物萬象，在萬物萬象之外。

乙：唯物論者不相信任何神，也不承認有任何"超以象外"的東西。

甲：當代新儒學就承繼中國儒、佛之學，對本土傳統的眾神，就存而不論；對被認為是"西人上帝"的神，就竭力抗拒。他只以人類內在的心性為超越的主宰。

乙：也難怪。在每個人的有生之年，心的作用確是奇妙無比的。行仁說義，是道德的心。開物成務，是知識的心。

甲：社會的心，可以講民主、法治；藝術的心，可以繪畫、吟詩。

乙：經濟的心，可以炒金、炒股。

甲：暴發戶的心，必然炒老闆；破落戶的心，竟想炒自己。

乙：諸葛亮老臣之心，可以縈迴於"兩朝開濟"；蘇東坡良人之心，可以牽繫於"千里孤墳"。

甲：不要用唐詩宋詞的典了。孔子心思健旺時，常常夢見大政治家周公。

乙：唉，你又用《論語》的典故，不如講眼前吧，現代周公在香港禮拜堂祈禱之時，應該記念着海外孤零的周太。

甲：一切一切，其實都是人心的活動。沒有心靈，就沒有文化。

乙：不是說"勞動創造文明"嗎？

甲：表面看當然如此。不過試問：為什麼懂得勞動？為什麼能夠改進勞動？

乙：對呀，蜜蜂螞蟻勞動了幾億萬年——

甲："嗡嗡嗡，嗡嗡嗡，別做懶惰蟲"。

乙：唉，你真是童心未泯——一切生物其實都不斷為"活着"而"勞動"，為什麼又只有人類才有文化？

甲：這是因為人類有發達的大腦、有大拇指與四指相對的靈巧的手，所以能夠掌握工具，創造文化。

乙：是誰令人類能夠如此？

甲：佛家說一切都是"因緣和合"，內因外緣無數條件的結合，造成萬物萬事。

乙：這個"因緣和合"的規律又如何建立？宇宙這部神奇而又複雜無比的"電腦"，又是誰去設計、誰去維修？

甲：電腦問題，可以請教不信神的Bill Gates；電腦大王蓋茨不懂中文，因緣和合問題，可以請教只信佛的星雲大師。

乙：星雲大師可能太忙，我提議拜讀他高足弟子依昱法師，一本好書：《談心說識》。

甲：這本書我也看過了，平川彰的序文很有啟發。

乙：當然囉。人家是東京大學名譽教授，法相唯識學的權威。

甲：大學者文章不一定寫得有趣。平川彰卻用兩個有趣的故事，代替說理。

乙：是的。他探望病中的朋友，在床邊看書、吃果、寧靜安詳地等了好一回，才發覺那床上的早已是死屍，心情氣氛於是一變而為陰冷、恐怖！

甲：另外他又說，丟了東西，就覺得嫌疑者賊眉賊眼。自己找回了，那個人又看來清清白白。所以他說：佛家講得對，一切情境，不過由心所造。

乙：有道理。正如濾色鏡與底片，決定了相片的質素與情調。

甲：問題是：誰造攝影器材？誰弄快門光圈？

乙：再問到底是：誰造能夠發明科學的人類？

甲：對啊。一個著名故事：佛寺風飄飄，塔上幡搖搖。甲和尚說：風動；乙和尚說：幡動；高僧說，都不是，是你們心動——我們可以更問：是誰造可以研究佛法的人？是誰使和尚心動？

乙：“因緣所生法，我說只是空”，一切不外人心的幻覺，一切都以心的主體意識作為樞紐。

甲：這就奇怪了：如果心是究竟，因緣和合就不是根本；如果因緣和合是根本，心就不是問題的終極。

乙：這個問題我也想不通，或者等待某一天因緣和合，可以請教一下高僧大德吧。

甲：高僧可能仍然說：一切都是因緣。譬如那艘鐵達尼——有人譯她為泰坦尼克——如果瞭望的人早發現幾秒鐘，如果轉彎早幾秒鐘，如果冰山漂浮慢幾秒鐘……

乙：事前有人還誇誇其談，說連上帝也弄她不沉呢！短短兩個小時，龐然大物四分五裂，永沉冰海。一個史無前例的豪華大棺材，帶走一千五百多條無辜的生命。

甲：船長史密夫縱橫七海數十年，德高望重，以從無意外自誇，想不到——

乙：後來查出，他最後幾年已經心粗氣浮，頻頻發生小意外了，不過聲譽仍然崇高，就因為爭取高速紀錄，所以——唉！

甲：那是殖民帝國橫行四海的時代，過了幾十年，經過兩次大戰，現在一樣有許多西方人士因為科技而心高氣傲。

乙：對呀。複製羊之後，有人就宣稱要複製人了。

甲：那時我們的對話，就變為甲——甲而不是甲——乙了。

乙：那就更分不清楚那段話是那個說了。不過，他們也只是在遺傳基因上面動腳動手，就像著名科幻小說與電影《侏羅紀公園》所描寫的一樣，恐怕難免闖了大禍。而且，到底不是真的創造，無中生有。

甲：連一個單細胞，也製造不了。

乙：是的，所謂"巧奪天工"、"鬼斧神工"，都只是修辭學上的誇飾，所謂"人參天地而贊化者"，並列為"三才"之一，只不過是人類的自我標榜，自我膨脹。

甲：中國人似乎不那麼科學主義與物質主義、儒家講敬天，道家講順時，佛家講去欲，好像比西人謙卑。

乙：也不盡然，有些西人努力於科學，是因為受上帝所託，管理世界，以榮耀造物之主。中國儒釋道三教都歸本於自己的心，擱置上帝，甚至否認上帝。從另一個意義來說，也是一種驕傲。

甲：所以長期君主專制，人權不振，不能發展科學，開展民主，於是政治不良，弄到屈辱百年，流離四海。

乙：你這個看法，不少人同意，也有許多人未必同意。

甲：不管同不同意，我們大家每一個細胞，都和任何禽獸草木一樣，無可如何地成、住、壞、空，無可奈何地生、老、病、死。

乙：天災人禍的受害者，可能覺得生不如死。

甲：是呀。人世無常，使人心驚膽跳；人間是非，使人心煩意亂。

乙：人生挫折，令人心灰意冷；想不開，闖不過，人就捨身名俱滅。

甲：名滅不滅是另一問題，身軀滅了，那心靈往哪裡去呢？

乙：是啊，如果每一個生靈都有不滅的心，那無數的心，又主宰什麼？誰做主宰的主宰？

甲：唉！三寸氣在千般用，一旦無常萬事休，必朽的身，又怎樣承載不朽的心呢？

乙：人的心，真是不朽嗎？

清初有位深融和尚，是明朝遺老，他有副對聯，題在桂林棲霞寺的佛堂，說：

　　靠着這個山，看你腳根哪裡放？

　　望見那灣水，知他源頭何處來。

"心"就是源頭？抑或"心"更有源頭？含含糊糊地說"心源"的儒生佛子，真要認真考慮。

五、心歪心弱心何主

甲：古人説"大隱隱於朝市"，修養真了不起。

乙：對呀，晏嬰貴為朝中首相，卻住在街市，還對人解釋是
因為自己慳儉，而且買東西，辦事情都方便。

甲：其實每天吵都吵死了。尤其是熱天。剛才我去買菜，有
個小販就跟一個熟客衝突起來，對罵了好一會。

乙：彼此都心煩氣躁吧，為什麼吵架？

甲：起因很簡單。秤好了，付過錢，那個女人順手多抓一條
菜，説是搭頭，小販就呢呢喃喃請她問問良心，説每次
都送棵葱了，還要佔便宜，那女人耳朵尖，聽到了，面
子擱不下，就罵他才要問良心，長年幫襯，他還經常
"呃秤"，現在多拿一些，不過稍作補償而已，於是你一
言，我一語，越罵越火。彼此都斥責對方沒良心。

乙：市井之徒互罵對方沒有良心，文人學士也互罵對方沒有
良心。

甲：你是説北宋那批拚命黨爭的士大夫了。唉，連慣於"以
史為鑑"的司馬光，精辨"天理人欲"的程伊川，才大
如海，出入三家的蘇東坡，都不能免此。他們互相都不
能容忍，不能寬恕，都用惡毒的話互相攻擊。

乙：是啊！就像當世某幾位同享高名，同建一校的新儒學大

師之間互相仇視，連彼此的弟子們也互相攻擊。他們都德高望重，他們都憂國憂民，他們都爛熟聖賢之書。

甲：他們都可以倒背如流："所謂修身在正其心者：身有所忿懥，則不得其正；有所恐懼，則不得其正；有所好樂，則不得其正；有所憂患，則不得其正。"

乙：對。"人之其所親愛而辟焉，之其所賤惡而辟焉，之其所畏敬而辟焉，之其所哀於而辟焉，之其所敖（傲）惰而辟焉。"

甲：唉，我們不必鬥唸《禮記·大學》了，以前千百年來，凡讀書的都唸過這幾段，都知到情緒、慾望，都影響良心，可惜就是明知故犯。

乙：我所願意的善，我反不作；我所不願意的惡，我倒去作。

甲：咦？你從前不是唸過教會學校、上過主日學吧？《羅馬書》第七章的金句啊！

乙：論到人性的軟弱、良心的不盡可靠，基督教確有他獨到之處。保羅著名的話："立志為善由得我，只是行出來由不得我"，"我真是苦啊，誰能救我脫離這取死的身體呢"，實在坦白、誠懇、熱烈，在中國經典中似乎很難找到。

甲：對。希伯來人知罪、認罪的傳統，構成了西方宗教文化，現在是普及世界了。所以，同是世界大戰的罪魁禍首，德國人就一再懺悔、認罪，特別是對猶太人做補贖的工夫；我們的鄰居，那些日本人，卻一而再、再而三地抵賴，否認南京大屠殺，對東南亞各國戰時慰安婦的罪孽，也詐聾扮啞，真是厚顏無恥！

乙：也可說是另外一種恥。正因為他們畏恥而不知罪，所以總要自欺欺人地狡辯、掩飾，以保存面子。

甲：為了面子，他們就瞪着眼睛說瞎話，甚至振振有辭。不論做鬼做人都是這個樣子。

乙：對呀，我想起他們著名的"羅生門"故事，就是如此。武士帶同嬌妻經過森林，遇上盜賊，不幸妻子被姦，自己被殺。後來這三個人物的魂靈，就各說各話，總是替自己洗脫污點，往自己臉上貼金，於是同一件事，鬧出三個版本，不知誰真誰假。

甲：其實都有真有假，而又都信誓旦旦，說是講了良心的話。

乙：古人早就說過："人心不同，各如其面"。每個人生理條件不同，心理狀況各異，先天稟賦、環境、教育，種種因素，做成氣質性向的差別，所謂良心，也很難一致。

甲：孔子在《論語·里仁篇》裡就指出："人之過也，各於其黨"，就是說：人總有心性的偏向，於是造成不同的性格與行為的誤差。

乙：是呀。仁愛的人心地軟，容易過分寬容；正直的人性格硬，每每不能妥協，所以劉劭在《人物志》中就批評儒家所謂"忠恕之道"有不能避免的限制——你教他盡心盡性為"忠"，每個人的心性發展，優點缺點同時擴大；你教他推己及人為"恕"，每個人都憑自己片面的感受去了解他人，結果往往造成自己始終不能了解的誤解。

甲：劉劭生在魏晉玄學的時代，老莊思想流行，和儒家經典

70

分庭抗禮，比起兩漢，思想解放而靈活，所以能夠大膽質疑。莊子說得好："彼亦一是非，此亦一是非"，見智見仁，雖有定準，"是其所非而非其所是"，知道一切都是相對的，就要超越的智慧，如老子所謂："甘其食，美其服，安其居、樂其俗"，你也不批評我，我也不改造你。

乙：高超灑脫，逍遙無待。聽來是好。不過，隨此下去，就必然一切都漫無標準，什麼是非善惡，都無從談起，造成孟子所謂"德之賊也"的"鄉愿"，今人所謂"和稀泥"，"大滑頭"。

甲：廣東人謂之"西南二伯父"，把子侄都寵壞了。世俗所謂"好好先生"，從另一個角度說，就是沒有嚴肅的道德感，總之明哲保身，不得罪人。

乙：在舊日的中國，長期君主專制，官僚政治黑暗腐敗，法治不彰，人權不講。講原則、明善惡的人，往往災難臨身，所以道家式的隱士和滑頭鄉愿特別多。這是亂世之中人心一種無可如何的出路。

甲：佛教是另一條接近而又更加吸引的路；對聰明的懶人來說，禪宗的話頭更爽快好玩，一切放下，自在。什麼是非善惡，就如成敗得失一般，都是人心的迷執。一切眾生皆有佛性，因此佛就在各人自己的心，因此各人隨心自為，都可以各自成佛，於是就變成所謂"酒色財氣不礙菩提"的狂禪了！

乙：所以晚清思想家龔定盦在《支那古德遺書序》裡痛斥晚唐以還，愈降愈濫、愈誕愈易的禪宗，僧徒等於不識字的市井滑頭，語錄公案如同笑談小說，找幾個唱戲的，給他們現成的禪門語句練習兩三天，滿街市都是禪師了！

甲：另一個宗派，密宗，末流標榜色慾，大造偶像，還故神其說、誇誇其談，說是修持妙法云云，難怪它墮落、衰敗了！

乙：無所不為、無奇不有，這是一個怎樣混亂的世界呢！不過，如果人人又都只知以自己的良心為尊，以此衡量他人，審判、鬥爭，強人從己，甚至消滅異己、改造世界，那又會更可怕了！

甲：不是"會"，是"實在"。希特拉宰殺六百萬猶太人，赤柬波爾布特屠戮自己數以百萬計的高棉人，得勢時都自以為是正義的化身！

乙：一個人怎能殺害百萬的人？一定有無數幫兇。

甲：幫兇就是眾人依權附勢、見利忘義，和自以為義，妄自尊大的劣根性！

乙：我偶然看到定居澳洲的書法家黃苗子一首《口袋歌》，描寫互寫匿名信以坑害他人的"背靠背"之風，可謂淋漓盡致：

> 在昔有和尚，布袋身上背。如今人管人，
> 全靠紙口袋；甲有反革嫌，乙傳沾血債，
> 丙是偽保長，丁曾裡通外，戊也國特疑，
> 己則機密賣，他搞婚外情，他戀三角愛。
> 匿名遞書信，咬耳肆陷害，也有悄悄話，
> 張冠而李戴，也有誣告件，偷送支委會。
> 不分青紅皂，都入乾坤袋。密件圈兩圈，
> 鐵箱嚴鎖蓋！其實人保幹，早已先睹快。

外間小道傳，本人蒙鼓內，嗚呼蒙鼓內，
卻得大自在，以為空對空，樂得背靠背。
誰知禍所伏，紙袋終作怪！地富反壞右，
依照案底載。曰監督使用，曰漏劃右派。
一抓一個靈，越狠越無礙，如果不足數，
可以拉郎配。口袋逐一翻，件件是寶貝。
這條能上綱，那條可定罪；本人善狡辯，
可以甭核對。但憑莫須有，便入另冊隊。
哀哉包袱重，白眼遭儕輩。豈但災及身，
而且禍三代。近日改革風，新潮正澎湃，
提倡透明度，萬事忌曖昧。正好趁時機，
來個大清汰，去盡黑材料，留得公道在，
公之於本人，公平定好壞，是非既分明，
口服心亦快：從此心連心，永不背靠背。

甲：痛快！痛快！可惜最後的美好願望，有點天真。黃先生
八十多歲了，難道不知道中國人講心已經講了幾千年
嗎？台灣也是每有政治風潮，就"黑函"滿天飛，中國
人就是擅長這一套窩裡鬥！前些時候我也在廣州僑聯98
年9月的《華夏月刊》看到許多文化大革命的故事，也
是耳熟能詳了。不過一位老先生任大星幾句話，講得很
沉痛、很有代表性。他是1969年到奉賢五七幹校的，他
回憶說：

　　有一件事給我印象特別深。有一個女"牛鬼蛇
神"在開會的時候揭發我，說我勞動不好，偷懶了。
我當時覺得很委屈，我被叫出來訓話，是不允許分辯
的。我覺得自己根本沒有偷懶，每天都已經是精疲力

竭了。可那個和我同病相憐的"牛鬼蛇神"自己已經被打成"牛鬼蛇神"了，還要來揭發我這個與她一樣可憐的人。這使得我對人性中的一些劣根性很有感觸。人到了這樣的地步還要互相踩腳、擠壓，這是人性的悲哀，也是時代的悲哀。中國歷史上很多事件表明是用權來分割人的等級的，這使得人性中很多"惡"得以增長。同樣是"牛鬼蛇神"也是有很大差別的。因為管"牛鬼蛇神"的人畢竟是有限的，很多事他們未必知道。但那些善於排擠別人的"牛鬼蛇神"就靠打小報告、落井下石才達到幫助自己洗脫罪名的目的，這使我感到非常難過。

乙：照此看來：人的心，不只"來源"有問題，"方向"也有問題。

甲：而且，正如你剛才引述那幾節《聖經》所說：良心的力量，往往也小得可憐，很不足夠。

乙：對呀。就如耶穌在喀西馬尼園中對門徒所說："你們心靈固然願意，肉體卻軟弱了。"情慾的力量佔了上風，所謂良心，也就無可如何，甚至找些藉口來欺人自欺了。

甲：其實孔子也曾經對門徒說："知及之，仁不能守之，雖得之，必失之"——

乙：這麼多"之"字，真是不解釋一下，大家都不得而知。

甲：就是說，知識上明白，但是愛心把守不住，那就雖然似乎擁有了許多道德教訓，其實還是失去。

乙：對。能說不能做，能知不能行，有什麼用？我們可以承認"仁義道德在本性中已有"，但誰敢說"仁義道德在本性中已夠"？

甲：談心論性的理學家最喜歡引述帝堯帝舜相傳的十六字真言，前半那兩句就是"人心惟危，道心惟微"，道德的心很微弱，人心很危險。

乙：古代希臘哲學家柏拉圖的比喻更生動，更具體。人的心意就像兩匹馬拉着的車：道德良知是溫馴的小白馬，情緒慾望是狂野的大黑馬，駕車的人稍為控制不好，或者大黑馬癲起來，無可控制，那就翻車墮崖、粉身碎骨！

甲：佛家也說眾生七情六慾交織構成的紅塵世界，是沖天大火災之中的房子。

乙：問題是情慾之火由人心燒起，人心又怎有力量自己撲滅？

甲：不是說"心病還須心藥醫"嗎？

乙：心病當然要用心藥，不過開方製藥的能夠是那個有病的心嗎？神經錯亂的人，能夠替自己診斷治療嗎？

甲：是啊。記得我看過一幅漫畫：有個人提着自己的一頭亂髮，大嚷：自我提升！自我超拔！

乙：對了，任何大力士，都不能夠不靠幫助，單用自己的力量，提升起來而不跌下去。

甲：大內高手，飛簷走壁。

乙：至少他有屋簷可以讓他跳上去，有牆壁讓他攀上去。

甲：難怪講自力的佛教，後來也發展出大講他力的淨土宗：大唸"南無阿彌陀佛"了。不過當年大學者梁啟超說佛教注重自力自助，比基督教有擔當、有志氣。

乙：佛教人士自己更加這樣說。不過，既然佛家講一切都不外因緣和合，所謂"自己"，也不外萬萬千千因緣和合而成，嚴格來說，還有什麼"自己"呢？至於所謂"擔當"，自己對自己負責，當然說來豪情壯氣，但是，自己不是也最容易原諒自己，放過自己嗎？現今許多青少年小小事情，便任性輕生，不是覺得我的生命只屬於我自己，什麼父母養者、師友扶持，都不值一顧嗎？

甲：對呀。說起來就痛心了。甚至成年人，許多也是這樣，只知有己，不知有人。

乙：更不知有神。如果知道"舉頭三尺有神明"，甚至"方寸之內有神靈"，對神負責而無可卸責，那不是更有責任感嗎？

甲：可惜當年梁先生不到六十歲，便被一些不大有責任感的庸醫誤了生命，否則對佛教，對基督教都更加深入一些研究，那就好了。——不過，他當然知道我們剛才提過的淨土宗，不斷唸佛而仰望佛力扶持，這不是"他力"嗎？

乙：對呀。淨土宗是信徒最多的宗派。他們相信好久好久以前——你知道印度人對數字的誇大——阿彌陀佛發大宏願：誰人一生在口頭、在心意都不斷誦唸他的名號，就必得救。

甲：不斷唸着那六個字，什麼惡事也沒空做了。

乙：沒空做惡事，也就等於做消極的善事了。當然，許多人還是不免一面不斷唸佛，一面仍然有意無意在身、口、意三方面造業行惡；臨終之時，更難免昏亂，就要床邊親友在這要緊關頭，大聲助唸，免得死者的靈魂心意亂了方向。

甲：現代醫學講臨終關懷，其實如何正確對待死亡，是古今中外人人都要關心，都要面臨的大學問。清末民初的淨土大宗師印光，就在普陀山修行的寮房上面大書四個字。

乙：那四個字？

甲："唸佛待死"。

乙：不忌諱、不逃避，大師即是大師。基督徒看死亡是永生，淨土宗看死亡是往生，靠的都是一個超越的、外在的力量。

甲：對，就是所謂"他力"。淨土宗最基本的經典，《阿彌陀經》，就要善男信女臨終之時，一心不亂，心不顛倒，借助全神貫注的唸佛或者觀想，集中心去對死亡解脫、往生西方極樂，作精神上的衝刺，以壓倒對死亡的恐懼。

乙：所以，心念不能動搖，情志不能被他事牽擾。

甲：床邊親友唯一應當做的只是大聲助唸，不要告訴他有張稅單還未清繳，有筆債銀還未討回，等等、等等。

乙：當然，重要的工夫還是在平時，一切布施、齋僧，禮佛，印經等等功德，據佛教說，也可以透過諸佛的願力，"迴向"到他身上。

甲：聽來就像武俠小說裡的高手傳導內功。

乙：又像拍攝電影的戶外反光板。

甲：或者銀行借錢給人經營工商業，甚至某個特權分子，沒有合法證件而要闖過海關，只靠口裡不斷唸着："我是某某主席某某總理的表弟的表妹的過繼堂弟弟……

乙：你這比喻真笑死！人家虔誠的信仰，老弱病殘者的安慰，又怎可以跟這些事相提並論！不過，比阿彌陀佛力量更大的是彌勒佛，他是如來佛的預定接班人，五十六億年後出生。

甲：五十六億年——等於幾光年了？那時恐怕太陽系都要毀滅了。

乙：不知道。總之，據佛經説，那時是世界末日，信佛的人就必得救，由彌勒佛帶他們往生兜率內院，比阿彌陀佛的西方淨土又更勝一籌了。

甲：咦——

乙：什麼？

甲：這不是跟基督教的末日審判、彌賽亞降生有點相近？

乙：我也不敢斷説，所知甚少，當然，阿彌陀佛、彌勒佛、都是顯然的“他力”。

甲：一千一百年前，唐憲宗恭迎佛牙，把多嘴勸諫的韓愈貶去潮州；不久之前，台灣又有許多名公巨卿恭迎另一顆佛牙，看來“牙力”也是“他力”之一了？

乙：唉，也不知是正是假，是真是妄。

甲：一切都由一念無明開始。

乙：“無明”是十二因緣的開端，也是一切煩惱、痛苦、罪惡的起始。

甲：有人説始終搞不清楚“無明”是什麼東西，其實這不要緊，你看古人翻譯所用這兩個字就知道了，“無明”，就是沒有光明，就是心裡一胡塗，慾念一起，就造作種種自尋煩惱的東西，直到老、死，才告一段落。

乙：只是告一段落。只要念念不息，又立即從另一個“無明”開始，這樣循環不息，無窮無盡。

甲：所以佛家要斷無明，破生死，離開這個無邊苦海。

乙：轉迷開悟，超凡入聖，跳出六道輪迴之中。

甲："輪迴"和"業報"，其實都是傳統印度信仰，佛教把它承襲了，帶來中國，千萬年來，不斷有人心裡懷疑，也不斷有人滿心相信。

乙：其實從根本上說，佛家所說"業報""輪迴"都是"心"的永恆現象，他們說，"心"是不生不滅的，所寄存的生命形式，卻是各樣各式、由最樂到最苦，可以分為十類，即所謂"十道"，十條生命的道路。

甲：佛、菩薩、聲聞、緣覺、天、人、修羅、畜生、餓鬼、地獄。

乙：對。一個不差。前四者已經擺脫輪迴，後六者仍在輪迴之中。前生的業，決定今生的處境；今生的業，決定輪迴來生的路向。

甲：我們大家無數前生都做了不少善業，才有幸此生為人，而且是太平社會之中正常的人，可以從容論道，一次又一次對話。

乙：是啊，我們積功積德，諸惡莫作，眾善奉行，來生就有機會更上一層樓，翱翔上界，像敦煌壁畫那些"飛天"；起碼還可以再做人類。

甲：如果貪吃好殺，屠宰活雞鮮魚太多，來生就可能報應而做魚做雞了。

乙：千萬不要踫上海灣紅潮，禽流感，被人類政府下令大屠殺。

甲：請問你：如果做了昆蟲、蝦蟹，又要做些什麼好事，才有機會論功行賞、若干世代之後當上殺蟲水公司總裁、或者衛生漁農處長？

乙：不是可以每次都坐頭等機位的首長夫人嗎？

甲：唉，我又不是宇宙輪迴署署長，怎知道？我只知道一切
都是業報。依昱說得好：每一個意念，每一句言語，每
一件作為，都好像用同一個茶壺沖一次茶，留下一層薄
薄的茶漬。又好像在永無休止的遊戲或者競賽之中的得
分、升級或者失分、降級。

乙：誰當裁判？誰是遊戲比賽的設計者？人家已經不幸殘障
了，家破人亡了，還一律說是報應，這是慈悲呢還是殘
忍？

甲：不知道。

乙：如果某甲前生作了惡業，今生要做乞丐，要在災難中慘
死，某乙賑濟了他，拯救了他，算不算干擾了業報輪迴
的"司法公正"？

甲：不知道。我們只知道種善因、得善果；做好事，得好
報。

乙：換言之，今生捐款給中大、港大，來生保證直升哈佛、
牛津，是嗎？這樣，豈不有者愈有？豈非等於投資藍籌
股？有人走私販毒，擄人勒贖，得到了億萬橫財，然後
金盆洗手，捐一些出來修橋補路，贈醫施藥，於是又積
福積德，安富尊榮，這樣的業報輪迴，何嘗公道？如果
人生一切，只是還債討債，那所謂仁義親情、慈悲喜
捨，又有什麼真正意義？

甲：問得好。現在有些世界聞名的佛教人物都用企業精神來
辦弘法事業了。新蓋的大雄寶殿，富麗宏偉，壁上無數
燃着燈的小佛像，給善男信女捐錢認領，接近中間三寶
大佛的，金額最高；最低廉的，就靠邊站了，這種安

排，未免太商業化吧？佛教的真正精神在那裡呢？

乙：還有。如果死者的“心”，已經輪迴而“帶業往生”，高者為“天”為“人”，低者為“畜生”為“餓鬼”，已經變成了另外一種生命個體，再加上“奈何橋”、“孟婆茶”種種傳說，前生往事，一切渾忘，那麼，人們的祭祀祈求，不論動機如何，感恩紀念也好，謀利求恕也好，又有什麼用處和意義？

甲：對呀。有人又解釋：人有三魂七魄，投胎往生的只是其中一大部分，還有小部分留在墓地，靈位。

乙：長駐候教。

甲：實在更難入信。生前精神分裂，死後魂魄也分裂，太慘了吧？而且，這樣輪迴下去，魂魄豈不是越分越少？還有一個大難題：自古到今，犯罪作惡的人越來越多，也越積越多，依照輪迴報應之理，中國以至全世界，應該禽獸大增，而人口大減才是，但事實上世界人口不斷以幾何級數增加，另一方面，牛馬豬狗以至蛇蟲鼠蟻究竟要怎樣“修道行善”——如果牠們有所謂“善”與“道”的話，才能得到好報“升級”而為人呢？升了級的人，難道如某些佛徒解釋：都到了別的星球嗎？

乙：清朝有位理學家，反對釋道，偏偏他剛去世的媽媽卻一生奉佛，並且遺囑一定要打齋。怎辦呢？

甲：對呀。遵從母命吧，門生學侶一定大不以為然，批評他講一套做一套；堅守理學的立場吧，母親如果靈魂有知，一定憤怒，自己為人子者，也難以心安。怎麼辦？怎麼辦？

乙：有辦法。讀書人的慣技。寫副對聯，表白心蹟：

> 聞說有天堂，盡吾心，聊以報吾本；
>
> 明知無地獄，從其俗，不忍儉其親。

甲：寫得好。委婉溫馨，情理兼顧。

乙：不過也有人不客氣，也有對聯，譏笑質疑這些迷信舉動：

> 誦經可超幽，難道閻羅怕和尚？
>
> 燒錢能贖罪，是則陰司也貪污！

甲：問得好！中國人法治精神向來不夠，常常左右於權勢，人情之下，你看許多民間故事，不論神鬼，都可以講情，賄賂，只要面子大，聲望夠，權勢高，一句話，什麼生死簿，姻緣簿，幾筆就勾掉了，更改了，根本就是現實世界的反映。還有許多狡詐之徒，假託業報輪迴，因果報應，以騙取私利呢！社會上的既得利益者，也一定宣揚因果報應，合理化自己的特權享受，說他人"前世不修今受苦，怨什麼"？

乙：當然，這些都是一般知識不高、頭腦不清的人，才深信不疑，現代民智大開，接受這一套的人就少了。佛教的朋友也解釋：從來輪迴、報應之類，只不過為開導根器庸下的大多數人，方便說法；至於對好學深思的人，就只講"法相唯識"的心理分析、或者"見性成佛"的心性主宰了。

甲：總之還是有問題。從舊石器時代一個不知名的洞穴人，到某些百姓奉如神明的領導者都問過的問題："問蒼茫大地，誰主沉浮？"——宇宙、人生，這副神奇無比、龐雜無比的機制，是誰去設計主持，誰去維修運作？

甲：自己的心。

乙：當初造成一切痛苦、煩惱的那個"無明"發生在那裡？

甲：也是自己的心。佛家説眼、耳、鼻、舌、身、意六根對色、聲、香、味、觸、法六塵而生前六識，後面是"自我認同"的第七末那識，最後是一切生命種子所藏貯的第八阿賴耶識。一切心理狀態與能力，不論悲憂喜樂，良善邪惡，都是由此而生。

乙：這就奇了，粵語説得好，"神又佢，鬼又佢"——神是他，鬼也是他。

甲：所以《大乘起信論》有"一心開二門"的講法，同是這個心，"迷執煩惱"和"覺悟清淨"兩扇大門，都由一心所開。

乙：現代新儒學大師仍然借這個講法來詮釋心性本體。當年佛教也有人在第八識之上，另立只清淨而不污染的第九阿摩羅識。聽説密宗還有人提出第十識。

甲：總之，"煩惱罪惡，何從而來"這個問題不能令人口服心服地真正解決，就立"第一百識"，又有什麼用處呢？

六、此心如何救世苦

甲：你有沒有發覺：所有動物都不會笑，只有人類；而唯一會笑的人類，生下來的第一個聲音又是哭？

乙：老兄劈頭就出這個問題，真令我哭笑不得。

甲：不是八大山人的"哭之笑之"。

乙：這位大畫家的藝術成就，根源於國破家亡之痛。其實，似乎書畫之類還好一點，詩詞文章，都是"窮而後工"。

甲：是呀。"國家不幸詩家幸，話到滄桑句便工"，至少在中國向來是如此。

乙：中國文學當然精妙，不過向來傳誦的作品，十居其九是懷才不遇，憂讒畏譏、傷春悲秋、妻離子散，怨天尤人；令人讀了，同情之淚灑完又灑，真不舒服。

甲：少陵只為蒼生苦，贏得乾坤不盡愁。

乙：窮年憂黎元，嘆息腸內熱。

甲：萬里悲秋常作客，百年多病獨登臺。所謂天者誠難測而神者誠難明矣，所謂理者不可推而壽者不可知矣。無常感，無力感。抽刀斷水水更流，舉杯消愁愁更愁。這次第，怎一個愁字了得！

乙：唉，吃不消，吃不消。唐詩宋詞古文，苦吃得最多的是

84

唸中文系。

甲：中國人唸中文系於今日世界而要海外移民，更是苦中之苦。

乙：一切看你的心怎樣想，怎樣選擇。

甲：其實古聖先賢，心裡都是想着世間之苦。怎樣減除痛苦，卻有不同的選擇，特別是政治的選擇。

乙：世間之苦，不外天災人禍；而種種災禍的預防與救治，就關乎社會的管理，這就是政治了。

甲：只講風月，勿談政治。

乙：光風霽月，而遭逢淒風慘月；七七事變，破壞了盧溝風月。你不談政治，政治來找你麻煩。政治是管理眾人之事，凡是眾人之一，都不能不理。

甲：現代民主法治社會，就是人人問政，人人干政，以輔助、監督熱心能幹者之從政。

乙：政治最容易污穢，因為政治就是財富的分配與權力的安排。大丈夫不可一日無權，小丈夫不可一日無錢，爭錢爭權，人就會各出奇謀，不擇手段。

甲：古今中外都是如此。如果你厭惡，恐懼，逃避，那些搞政治的人不是更得勢、更橫行嗎？逃避是逃避不了的。尤其是今日。你遠遁山林，還是要辦買地租屋手續，還是會收到稅單；急症大病，結果如何，還是要看醫療品質與制度。

乙：是啊，不能逃避。無可逃避。傳統的道家佛家，就是要精神上逃避，而儒家選擇的就是面對。

甲：逃避當然不是真正的辦法。面對而沒有真正辦法，結果也不能解決世間之苦。

乙：真是要請孔孟老莊釋迦，組成五聖答辯團，應付你這個指控。

甲：不是指控，是惋惜。惋惜人智有限，世苦無窮，千百年來仁人志士勞心焦思，「先天下之憂而憂」，憂何未已？「後天下之樂而樂」，樂竟無期！

乙：范文正公在天之靈有知，一定慨然浩歎！從先秦兩漢到宋元明清，君主極權專制的暴焰日熾，人民幸福自由的空間日狹，儒家是事倍功半，手忙腳亂；道家是自我麻醉，逍遙觀賞；佛家是消極退避，捨棄離開。都沒有真正的辦法。

甲：現今的佛教好像不那麼「出世」了，又辦學校，又建醫院，又出版期刊，又組織社工，西傳北美，南臨澳紐，真是名符其實的「人間佛教」呢！

乙：時代的衝擊，他們有魄力、有遠見的領袖，不得不帶領徒眾往這個方向走。他們現在是走向鬧市，開設食店，書坊，小冊子放在車站，任人取閱；又錄製影帶，又電視弘法。總之，基督教怎辦，他也怎麼辦。

甲：世間本來就多愁多煩，十九世紀後半以來的中國，加上了殖民帝國的侵略，就更加苦深難重，避世面壁、修法以逃脫苦海的辦法，早已不是辦法。

乙：一味只知談心論性，也早已不是辦法，鴉片戰爭時代啟蒙大師魏默深，痛罵那些梁啟超所謂「上流無用」的理學家：「口心性、躬禮義，動言『萬物一體』，而民瘼之不術……」

甲：這是他在名著《默觚》〈治篇〉之中著名的話，文言文，太深了，你何不變它為白話？

乙：滿口"心"啊、"性"啊，什麼"與萬物為一體"啊，等等，但是，民間疾苦，他們不去講求；政府吏治，他們不去學習，經濟民生、國防軍事，更一點不懂，一旦掌握了政治權力，精粗內外，什麼也一籌莫展、一事無成，平日什麼"民胞物與"，諸如此類，都變成假、大、空的議論，天下要這些毫無用處的王道來幹嗎？

甲：罵得好！不過默深先生晚年灰心世事，歸依淨土終日念佛靜坐，不再著書，也不見客人。

乙：他的內心其實痛苦極了。不過那個時代，中國人最熟悉、最嚮往的宗教只有佛教，尤其是號稱以"南無阿彌陀佛"六字，盡括大中小三乘的淨土宗。

甲：魏源的知己，焚鴉片、抗英帝的林則徐，在遣戍伊犁途中，也不斷修持淨土。

乙：淨土是佛教諸宗裡面，最講"他力"的一派，也是唐宋以來，最興盛的一派。其實，愈是豪傑之士，愈感到英雄無用武之地的痛苦，愈體會到鯤鵬不錯是遠游高飛勝於小鳥小魚，但也更有待於大風大水，人生戰場上一挫再挫，唯有低首佛前，長宣佛號。

甲：就像孫悟空不論翻多少個觔斗雲，總脫不了如來佛的掌心。清末民初許多大大小小的軍閥，晚年，或者中年失敗下台，幾乎都以空門為遁身之所。

乙：這也是從古如斯。不過，佛教徒在印度發展出大乘開始，已經不純然是出世避世，有人查考《增一阿含經》，發現釋迦說過：

"我身生於人間，長於人間，於人間得佛。"

龍樹菩薩在《大智度論》裡更說：

> "一切資生事業，悉是佛道。"

甲：《六祖壇經》也有著名的偈：

> "佛法在世間，不離世間覺；離世覓菩提，恰如
> 求兔角。"

乙：兔當然沒有角，要找着角，抓着角，佛法真理，早就像
兔子般溜跑了。不過六祖以至佛祖這些話，都只表示菩
提悟境，須在世間成就，但並非肯定世間事物本身的價
值。近代熱心救世的八指頭陀敬安大師說："我雖學佛
未忘世"這句話也可以倒過來理解：雖未忘世仍學佛。

甲：由小乘的厭棄人生、到大乘的不忘人生、到現代的注重
社會，也可見到佛教為應世而起的轉折變化，敬安的大
弟子，名滿天下的太虛法師，就在大半世紀之前倡導
"人間佛教"，他要教育青年僧侶，組織政黨，推動社
會；要用佛教融攝一切中外思想——包括了西方科學、
藝術、甚至基督教！他的話，見於《海潮音》五卷五期
〈論西洋文化與東洋文化〉。

乙：他的氣魄與理想，實在是大得過分了！

甲：比較起來，日本人才是過分！他們的和尚，照舊公開正
式娶妻生子，做和尚只是辦公時間的職業。侵華戰爭時
期，他們踴躍參軍，要來接管中國佛寺，掠奪寶物法
器。

乙：日本許多號稱"國寶""文化財"的東西，都是或偷或
搶，來自中國。

甲：難怪日文漢字那個"財"字，寫成和"賊"差不多。抗
戰時中國政府要青年參軍，不論僧俗，太虛就要求把佛
門弟子組成救死扶傷的隊伍，以符佛教宗旨，比較起日

本的同行，他的"入世"，是正當得多了。

乙：他的拜盟兄弟，另一位高僧圓瑛上人，雖然遠比太虛保守，也指出"利生是大乘要旨"，要愛國愛群，造福社會。

甲：國學大師章太炎在《建立宗教論》中說，佛教雖然超居物外，也必期於利益眾生，例如"財施"、"無畏施"等，任俠仗義，樂善好施，也是無上功德，居士領袖楊文會，也說大乘修行，須以兼善為懷。

乙：割肉以餵鷹啖虎。當然，最重要是馴化虎鷹，否則慾壑難填，你能有幾多肉呢！所謂"兼善"，要包括積極消極兩方面。

甲：不過佛教最基本、最核心的精神，還是看破紅塵，並不是肯定這個世界，他的終極關懷，始終是解脫捨離，誕登彼岸。當然，也有人說佛教並非沒有類似基督教的"天職"觀念，一方面節制慾望，一方面卻也盡力謀生。

乙：基督教也教人不要貪戀這個世界；不過他們卻以世界為上帝付託人類作工以榮耀造物者的場所，人體雖是必毀的帳棚，卻也是上帝的聖殿而不是"臭皮囊"而已。追求的是"永生"而不講"前世"、"來生"，至於"此生"，既是上帝的美意，就要好好面對，好好造就。

甲：佛教不承認有創造之主，以此心的覺悟為究竟，把世界看成感覺的對象，所以一切皆苦，所以說儒家的入世，是執著；道家的超世，是不徹底，他要捨離無餘，徹底地出世。所謂"人間"云云，不過是權宜之法而已。

乙：不過，講"人間"，講"不捨眾生"，其實也證明消極出世，並不能使人真正心安。你所引的佛說："佛法在世間，不離世間覺；離世覓菩提，恰似求兔角"——兔子當然沒有角，離開了世間，也無所謂菩提覺悟。

甲：是的，但並不是說，這世間有任何地方值得迷戀，否則也沒有"覺悟"的必要了。

乙：出世也好，入世也好，超世也好，既肯定現世更追求永生也好，最重要是它的根源力量，從何而至。

甲：我最喜歡用一個比喻：入世與出世，好比電風扇和抽氣扇，都是轉動車葉，驅動氣流，分別是方向相反，相同是用電作為能力。自力與他力，好比直流電與交流電。交流電電源駁在外邊，直流電電池就在電器裡。

乙：小孩子玩的小風扇，用一支筆芯小電就夠了，手錶、相機，用小小一粒水銀電池，都是"自力"的電器。

甲：嚴格來說：那粒電芯也是外加的，不是許多小型電器，都在包裝盒上寫明："並不包括乾電池"嗎？

乙：預先儲電的電器，力量也是外來的。真的嚴格來說：連水裡那些自己會發電的電鰻，也是受造之物，並非自有永有，不要說乾電池、交流電了。

甲：我們本來談世間之苦、談政治，不知如何竟談到電器、電鰻了。

乙：要同時研究"電力"與"政治"，最好問那位"從天上取得電來，從皇帝手中取得政權來"的基督徒大科學家、大政治家，佛蘭克林。

甲：佛蘭克林和華盛頓、傑佛遜，都是清教徒，都是美國的開國元勳，都能夠功成不居，民主法治，開萬世之太平，真令人羨慕，敬佩！

乙："功成不居"是老子的名言，"萬世太平"是張載的壯語，正如所謂“天下為公”，是禮運大同的高貴理想，可惜千百年來，從來不能落實！在舊日中國，打天下的要坐天下，要封妻蔭子，要世襲王侯，要誅功臣、爭帝位，龍虎群英窩裡鬥，數敗俱傷苦萬民，民不聊生戰又起，起伏興亡又一朝！

甲：老兄竟似漁樵話興亡，歌詠秦漢隋唐到明清民國的歷史了！分久必合，合久必分，江山代有英雄出，各苦生靈百十年，真可慨歎！

乙：可歎人家的開國英雄，薄皇帝而不為，要三權分立，要兩黨制衡，連第三任總統也堅決不肯上轎；我們幾千年帝制流毒太深，家族觀念太強，大小公私機關團體的皇帝，都要搞一言堂，都要搞終身制，都要萬世一系、父死子繼！

甲：“權力傾向於腐敗，絕對權力徹底腐敗！”真是千古名句！可歎這句話並不出於儒家！

乙：艾克頓勳爵熟讀歷史與《聖經》，所以認識人性的軟弱，所以對聖君賢相不存奢望，對堯天舜日沒有空想！

甲：唉，堯天舜日。舊日熟讀孔孟之書的文士儒臣，歌頌當朝，塗脂抹粉，都說堯天舜日。連清末那個又蠢又蠻又無知又專權的老太婆，西太后，生前被尊為“老佛爺”，死了被諡為“孝欽慈禧顯皇后”——真是使中國文字受了辱，使中國人的政治智慧露了醜！

乙：從秦漢到明清，儒家講忠教孝而不能衡制君權，道家崇虛尚靜而不能正視現實，佛家談空說有而不能裁抑巨惡，結果一代又一代元兇大奸舞爪張牙，人間也就一代又一代苦深難重，直到西潮激盪，打得所謂天朝大國門散戶碎，才在痛苦中努力科學，尋求民主！曹聚仁在《中國的秘密》一文中，引述日本名作家森鷗外評論《水滸傳》的話："中國為什麼總有疫癘、凶歉、泛濫，相繼而至？中國的官吏為什麼不能夠防遏它？中國為什麼總有匪徒橫行？中國的官兵為什麼不能夠蕩平它？這是宋時已有的問題，而今也還不能解釋。我每讀《水滸傳》，便未嘗不想到它。"最近長江又一次大水災，全世界都透過電視看到軍民抗洪的奮鬥，艱苦，但也看到方法的原始、落後，不只和宋代，可能和上古也差不多，為什麼？為什麼？

甲：中國文化好像一無是處。

乙：當然並非一無是處，如果一無是處，中國早已變成禽獸之邦，鬼蜮之土！不過我們古來是"縱人為君，信君為神"，君臣禮隔；貴官賤民，弄到二千年的政治現實只成了人家艾克頓名言的典型例子！又因為崇道德而輕知識，戒執著而賤文化，再加上沒有敬畏造物真神，虔誠受託管理的嚴肅信念，所以能於技術而疏於理論，假、大、空以求順應一時勢利，而不知實事求是、尊重真相，於是發展不出現代科學。偏重人情，信任心證，而不講制度，理據，所以法治不彰。從前還不知覺，到一旦閉關自守的局面打破，人之所長正是我之所短，就不得不坦白承認，虛心學習了。

甲：真是沉痛而暢快！其實政治是最複雜的，經世濟民，談何容易！孔子在《論語‧憲問篇》說得好："修己以安百姓，堯舜其猶病諸"就是說：內聖外王之道，要真真正正，徹徹底底實踐起來，連最理想、最典範的人物，也焦頭爛額！

乙：堯舜之後，就更變"公天下"為"家天下"，君主世襲、極權專制，被視為天經地義、理所當然，由此而衍生的種種罪惡，歷代志士仁人努力補救而徒勞無功，就因為基本之惡不除，不治本難以治標啊！

甲：對啊！不釜底抽薪，只靠揚湯止沸，難怪一次又一次燙壞了手！波濤洶湧的海上，船面甲板檯上，又怎能停息"茶杯裡的風波"呢！

乙：誰人可居堯舜之位？誰決定怎樣才是堯舜之政？誰去監察考核？誰去督責、撤換？諸如此類，都是大問題。

甲：而且都是老問題。我也引述一個人所熟知的聖經故事：耶穌在曠野受魔鬼試探，試探三次，三個層次，一步深似一步。首先是"食物以養生"，跟着是"冒險以邀名"，最後而最大一個，是"世上萬國榮華的宰制權力"——世人為了爭權、保權，不知殺了幾多頭顱、流了幾多鮮血！

乙：是呀！二十四史裡面的十惡不赦、抄家滅族，現代的鎮壓革命、消滅反動，主要都是犧牲他人的生命以保護自己的政權，因為沒有政權，便沒有一切！

甲：唉！蒼蒼烝民，誰無父母？人頭是用來數的，不是用來砍的！

乙：這個道理，這個到今為止，政權轉移的最好方法，民主選舉，人類要經過萬千年萬千次流血，才辛苦學到。

甲：中國人又比西人遲一些才學得到。四大發明，就是沒有發明民主選舉。其實人性都差不多：做了人，想做官；做了官，想做皇帝；做了皇帝，想升仙，想做神。

乙：因此攀龍附鳳的人，就有“造神運動”，古今中外都是如此。

甲：古代民智未開，比較容易。羅馬皇帝同樣自稱和被尊為神，跟中國舊日王朝一樣。

乙：不一樣的是後來基督教成了普遍信仰，知道上帝才是萬王之王，任何人都軟弱有罪，不配、也不應當接受無條件的服從、敬拜。

甲：我很喜歡美國人那個信條：In God We Trust，國徽上有，總統的標誌上面也有。“Trust”就是信託，在上帝監臨之下，我們以生命、財產、子孫，信託這個元首，這個政府，——潛台詞就是：如果元首失職、政府腐敗，我們會奉上帝之名，把他撤換，就像股東大會，改選公司首長。

乙：好大膽！來人呀，孤王要把這個大膽賊臣，推出午門——

甲：怎樣？怎樣？

乙：讓他發表競選演講！

甲：啊！嚇得我。以為殺頭，原來要我派發空頭——支票。

乙：也不一定空頭。空頭，選民下次就不要你，甚至中途把你拉下。更可能的，是你的競選對手，當下就戳破你。公平競爭，輿論監督，真正的人民當家作主。

甲：民主政府的官吏，怕民意代表的挑剔；議員、民代，每逢大選就要討好納稅人、投票者，他們的米飯班主。

乙：這比起帝王專制的時代，朝野上下，都取媚於那個同樣是酒囊飯袋，同樣是七情六慾的獨夫，不是好得太多嗎？況且，又有定期選舉，等於學生的學期考試，不必要忍受一個並非自己喜愛的政府、君王，直等到他被天收拾，然後盼望下一個好一點。

甲：如果下一個更壞，就只有再忍。

乙：忍無可忍，就官逼民反，你殺我，我殺你。

甲：有時統治者肯認錯，下"罪己詔"；或者官兵流寇相持不下，就妥協一下，下詔招安。舊時天真而馴善的人民，就又容忍政府一次，或者乖乖接受朝廷功名富貴的安撫，上殿朝拜，三呼萬歲，謝主隆恩！

乙：信仰一神的人，也凡事"謝主隆恩"——不過這個主，不是人間的什麼神聖領袖，而是天上的造物之主。萬有都是本於他、倚靠他、歸於他，榮耀也屬於他。

甲：以屬靈的神為主，可能真是遠勝於以屬世的人為主，滿足了人類歸依、倚賴的情緒，避免了個人崇拜。

乙：有人認為崇拜自心是尊貴、崇拜上帝的人是奴僕；其實不妨再多想想。當年認為佛教勝於基督教的梁啟超，也不止一次痛論中國人因為長期君主專制而養成的奴性。他說："西國人民，無一人能凌人者，亦無一人被凌於人者，中國則不然，非凌人之人，即被凌於人之人"；又說："鄉曲小民，視官吏如天帝；民間之驕縱，造成官吏之驕橫暴戾"。他身歷外洋中土，生當清末民初，捲進了權力鬥爭中心，幾乎被殺，他這番話，句句出自肺腑。

甲："無一人"三個字可能誇張一點，不過平等，民權的觀念，在西方深入人心，早已成為社會共識，卻是事實。到現在，連在海外華人社會的許多所謂僑領，見到當地的洋官、洋議員，還是情不自禁地脅肩諂笑，醜態百出，讓人家討好選民慣了的政客，反而受寵若驚呢！

乙：寵辱若驚，貴大患若身。吾之所以有大患者，為吾有身，及吾無身，吾有何患？

甲：喂，喂，你不要直唸《老子》文言文，沒有人知道你說什麼。

乙：也不見得全不明白。三千年前的語句，還是許多地方跟現代白話文差不多。自我中心，喜歡受寵，害怕受辱，這個念頭就是痛苦的根源。

甲：蘇東坡的名句：

長恨此身非我有，何時忘卻營營？

乙：精神上的"此身"，就是"此心"；固然多慮多苦，肉體上的"此身"，也是麻煩多多，尤其是中年以後，不要說別的惡疾凶症，就膽固醇、尿酸、血糖、血壓等等，什麼不應該高的都高，就是收入薪水，永遠不夠高，就夠苦了。

甲：唉，彼此，彼此。我也有肩周炎、網球肘，腳跟痛，這些苦，怎樣除去？

乙：你問我，我問誰呢？圓滿的答案，大概人間還沒有吧？能夠提出堅定的、明確的答案，已經是一位高僧大德、或者信心十足、靈力充沛的傳教士了。

七、滿天神佛誰為主

甲：鬧東海，八仙鬥龍王；護西天，眾神毆大聖。

乙：咦，你又看民間傳奇，抑或又讀章回小說？

甲：都可以。都不是。上是胡亂構思。好在這個回目，平仄對偶，符合傳統規格，而又是什麼西遊記，東遊記所沒有。

乙：齊天大聖最後成了正果，猴子就變了眾民崇拜的神，八仙鬧東海，就像太平洋戰爭中途島、珊瑚海之役，美、日飛機與對方的軍艦互轟互殺。

甲：可憐冰冷海中骨，猶是溫馨夢裡人。

乙：改得也好，不算是點金成鐵。

甲：中國傳統是變人為神、化物為妖；多神、甚至泛神信仰。這也是一種重要的文化現象。

乙：中國人向來喜歡講心，如果知道人心由於天賜，而天就是上帝；如果一心一意敬畏上帝，所謂"親親而仁民、仁民而愛物"，一切由愛上帝而起，那就最理想。可惜不是。可惜以為俗語所謂"一個人兩個心未為多"，於是三心兩意，又多心，又花心，結果心亂如麻、心煩氣躁。

甲：中國人早就知道有上帝。"上帝"這個詞，原本就出於詩經書經。"上"就是崇高，帝本來是花蒂、草字頭下面一個帝字，表示莊嚴榮美。如果知道崇高、純真、至善、完美的只有獨一真神，那就最好。可惜正如世界好多其他文明古國以至今日仍然保留原始風俗的各地部落一樣，中國古代也有各式各樣的自然崇拜——天地日月、雲雨風雷、草木山川、甚至禽獸圖騰，無所不拜。一樣有祖先精靈遊魂野鬼的崇拜，後來又加入大批由印度而來的偶像崇拜，好像"輸入外勞"一般，"多隻香爐多隻鬼"，弄到滿天神佛。

乙：中國古人認為天地混沌初開，中間盤古氏好像雞蛋黃，盤古氏每日增高一丈，天地亦各向上增高向下加厚一丈，漸漸形成世界。盤古氏死後，頭化為五嶽，眼化為日月，血液化為江海，毛髮變為草木，這和古代印度相信的"大梵天"相似。此外，風雨雷電，山嶽河海，又各有專神掌管。這和古代以色列人的信仰，一開始便不一樣。

甲：盤古氏四肢五官化為山川萬物，漢儒陰陽家之說，又以人體各部分象徵河嶽風雨，都有濃重的宇宙論意趣。以前看魯迅的《故事新編》女媧煉石補天一則，也很有象徵意義。

乙：古代神話說女媧搏弄泥土，造成一個一個的人，彷彿我們少年時代在教會中學唱的聖詩："Thou art the potter, I am the clay"——上帝你是陶匠，我們是泥土。

甲：上帝用泥土一捏，靈氣一吹便成，女媧似乎能耐差一點，她不久就覺得太慢，太麻煩了，於是用繩子蘸了泥漿，揮舞起來，點點落地都成為人類。

乙：怎樣會有男有女？都是四散的泥漿嘛。

甲：不知道。只知道有男有女，就要有嫁有娶。

乙：傳說女媧又和伏羲——有說他們還是兄妹呢——結成夫婦。

甲：這大概是太古人類少不免如此，後來文明進步了，才有道德觀念，知道“同姓為婚，其生不繁”，亂倫更是不好。

乙：傳說他們並且制定婚姻之禮，畜牧烹飪之法，與鑽木取火的“燧人氏”，構屋為居的“有巢氏”，同樣由先進的部落、新文化階段的開創者，升級而為神靈。跟着神農嘗百草，教導耕種，被稱為炎帝，與軒轅黃帝有戰爭，又有聯盟，他們最大的功業是打敗南方妖族蚩尤，繁衍了後世的炎黃子孫，於是也成為神靈偶像，受人敬拜。

甲：這是第一類：英雄人物變而為神。其次是鬼。所有正常而平常的人，都有奇妙的生命現象，智慧又明顯高出萬物，睡覺時又會發夢，夢境又往往奇異，於是有靈魂寄存於肉體軀殼的信仰，人死之後，魂魄就變而為“鬼”。至於老而不死，具有特異功能，就稱之為“仙”了。

乙：從夏朝到殷商，鬼神信仰流行，流傳下來的甲骨文字、鐘鼎文字，許多是祭祀祈禱的紀錄。不過，夏桀、商紂，歷史重演地因失德而失國，誠懇而豐盛的祭祀，似乎無補於事，務實而滿有憂患意識的周人，就加倍重視人類自己的禮樂倫理，這就是儒家擁護的人文精神和尚德傳統的興起。從此，由理想上“有德者居之”而實際上"居之者被歌頌為有德"的王朝掌權者，被尊為"天子"，西天、神的威權就落實到政權上面了。天子成為天地與人類之間的權力關鍵，壟斷了祭祀天地的榮譽與權利，接受萬民崇拜——就和基督教未流行之前羅馬的皇帝一般。偉大的孔子，不語怪力亂神，敬鬼神而遠之，標舉一個仁字，以人類的價值自覺心，作為人文精神的內核，倫理道德的基礎，孟子繼之而講四端、良知，從此開展出儒學的倫理體系，成為中國文化的骨幹。

甲：孔仁孟義，雖然精彩，但實在不能解決和解答所有問題。人生依然痛苦，命運依然難知，倫常恩怨一樣難於處理。要人們心安理得、心平氣和，老子莊子就另外標舉一個自然無為的"道"，以一個逍遙觀賞的情意之心，去安頓人生，後世就稱之為"道家"。

乙：道家仍然是哲學，不是宗教；道家對聰明的知識分子有用，廣大群眾仍然莫明所以。各種原始信仰依然流行，楚地（湖北湖南一帶）的巫術、祭拜精靈，燕（河北）齊（山東）方士的海外神山、長生不死之說，連秦始皇、漢武帝這些自覺英明無比的帝王，都被他迷惑。秦始皇一怒而焚書坑儒，但陰陽卜筮之書，仍然和醫藥、種樹之類純技術的學問，不予禁止。於是，一切學問，包括儒家道家，都被陰陽化而怪怪誕誕，增添了宗教的色彩。

甲：道家與老子容易被轉化為宗教與教主，我看有幾個原因：第一：老子年輩高、名氣大，據說孔子也曾向他問禮，並且被他以長者的身份，教訓一番；又與釋迦牟尼同時，後來道士更假造"老子出關化胡變為佛祖"之說；其次：《史記‧老子傳》寫得含糊，年紀問題、終局問題，都不能清楚交代，後人更容易穿鑿附會，憑空創作；第三：清靜無為，養生之道，可作道教方術的裝飾。

乙：老子《道德經》第一章："道可道非常道……玄之又玄，眾妙之門"；第二十一章："道之為物，惟恍惟惚"；二十五章："有物混成，先天地生……字之曰道"；四十二章："道生一，一生二，二生三，三生萬物，萬物負陰百抱陽……"這些章節，意趣神秘，文字迷離，又是韻語、格言形式，也是很接近宗教。

甲：這個時候，又有一個生力軍加入——就是佛教。東漢時代，佛教傳入，迅速興盛，因為他有儒道諸子百家所沒有的東西——例如靈魂的問題，死後的歸宿、宇宙的生滅、貧富貴賤，吉凶禍福的解釋等等。各種傳統民間信仰就聯合起來，把歷史上本來就撲朔迷離的老子和書寫得奇奇怪怪的莊子，尊為教主，奉為真人，又不斷吸收佛教的義理、儀式，採取儒家的倫理規範，以燒丹畫符，迎神趕鬼，追求長生不老，甚至白日飛升，肉身成道，這就是中國最大的土產信仰——道教了。

乙：因為是古今四方的大雜燴，道教崇拜的神仙偶像特別多。另一方面，古代印度原本也是多神，在他的基礎上面發展而出的佛教，當初雖然只講覺悟，不拜鬼神，漸漸也容許各種崇拜滲入，大造偶像，所以也稱為"象教"，到了中國，就和道教互相競爭、互相利用、互相轉化對方的"神"而為己所用，另外又爭相製造新神，中國從此就更加滿天神佛了！

甲：再一方面，儒家從來沒有否認眾鬼多神的存在，又講立德、立言、立功的"三不朽"——就是說：聖賢豪傑、大作家、大將軍之類，肉身死了，精神還是存在，人文世界於是和精靈世界相通，又由於人類妄自尊大而又趨炎附勢的心理，掌握最高權力的人就不免和死去而值得懷念的人一樣，被神聖化、偶像化了！明成祖還以北方玄壇真武上帝自居呢！

乙：宋朝以後，因為印刷術發達而有章回小說的流行，《三國演義》，特別是《封神榜》，《西遊記》等，對偶像鬼神崇拜的推廣，有極大影響。蜀漢敗軍之將關羽，因為忠義不凡，死後被尊為關聖帝君，與孔夫子同享祭祀於文武廟。像香港半山區那間香火鼎盛的就是了。

甲：《西遊記》和《封神榜》都很好看。由印度歸化而入華籍的托塔天王李靖，哪吒三太子，由男變女的救苦救難觀世音菩薩，打翻太上老君煉丹爐而被收服於釋迦牟尼如來神掌的孫悟空，天宮特區首長玉皇大帝、江河湖海水軍司令龍王爺，地獄各級檢察官，終審庭庭長閻羅王，以及轄下的文武百官，蝦兵蟹將，牛頭馬面等等，根本就是人間政府官場和監獄的寫真。

乙：唐僧和玉皇大帝都是人間的窩囊天子。太上老君在《封神榜》裡是正派的最高祖師，到了《西遊記》就明顯差如來佛祖一大截，——且看他們對付孫悟空，一敗一成就知道了。

甲：《西遊記》的主導思想是崇佛抑道。此外，窮酸秀才不斷祈禱太白金星、文昌帝君、魁星踢斗，希望高中狀元；短命之人希望南極仙翁修改"電腦紀錄"而多活幾年，壞人得志，大家就只好咒他被雷公劈死，黃大仙、張天師就是天上的哈佛牛津校長而兼東華三院主席。騎着黑老虎、手下有龜蛇二將的玄壇趙公明，即是上面提過的真武帝君，同時又被尊為"武財神"，令人聯想起香港當年家財十億的某探長。四大菩薩——文殊、普賢、觀音、地藏，甚至三寶佛——過去的燃燈、現在的如來、將來的彌勒，或者醫病的藥師、救世的如來、救靈魂的阿彌陀佛，都要出手：如果所有群仙眾神都無能為力的話。這些也是今天還可以看到的粵語殘片中的角色與情節。

乙：當時的人覺得他騷擾清淨佛門，而後世奉為濟公活佛的和尚濟顛，飲酒吃肉，瘋瘋癲癲，不守清規，而其實救苦救難，博施濟眾。大概是諧趣西片上的Sister Act在南宋臨安的前身。

甲：說起濟公，我前兩天拜讀過他的"大作"。

乙：他又下凡找你嗎？

甲：可能是。前天，我打開信箱，忽然跌下卡片一張，大小如信用卡，雙面彩印。這面是"伏魔忠義仁勇關聖帝君"，棄面持刀，揚眉舉手，十分威武。那面是"濟公活佛聖訓"總共二十七條。現在都拿出來大家看看。

乙：奇怪，不是整數。或者，三九廿七，三者眾之始，九者數之多，三者生也，九者久也。講術數者總可以附會出一個道理。傳統中國式的多神眾佛、三教合一的崇拜。好心人的贈送"金句"，積福積德。你有福了。

甲：有福的不只我。相熟某西醫英文流利，其門如市，診所也高貼這些"聖訓"。每條兩句，上句七字，斷定一項人生事實，下句三字，都是反問：×什麼。可見大國手也認為富有心理治療價值。不過收到卡片，才知道原來有人說是濟公的大作。現在台中某個乩壇，還每月刊佈濟公活佛帶他們主持人遊覽地獄的報告哩。

乙：實在是勸世小說。當然並無根據。中國許多東西都是如此。以訛傳訛，隨便抓一個出名人物，算在他賬裡。

甲：我概覽過一次。全部二十七條，其實不外儒釋道的通俗倫理，而以節欲息爭、守分安命為主幹。即如“增廣賢文”，是千百年來中國社會小市民立身處世的典型守則。

乙：讓我看看：“一生都是命安排。求什麼？”——“命”是什麼？是誰主宰？問蒼茫大地，誰主沉浮？

甲：“不禮爹娘禮世尊。敬什麼？”——這是教訓那些只知拜佛求福而忘記孝道的功利小人。

乙：“兒孫自有兒孫福。憂什麼？”——憂會考考得不好，難以立足社會，出人頭地。開解是好，但是父母責任之心總有。

甲：“才過三寸成何物？饞什麼？”——飲食徵逐之人，膽固醇血糖過高者，可以警惕，但色香味又總不能完全不講，否則何不只食藥水藥丸？

乙：“穴在人心不在山，謀什麼？”——可惜八卦雜誌宣傳：香港某家，兄為財政大臣，弟為警政長官，皆因陰宅陽宅的風水皆好云云。

甲：“豈可人無得運時？急什麼？”——就恐怕運到而不知，或者真的一生霉運，所以毛澤東垂教：“一萬年太久，只爭朝夕！”

乙：“死後一文帶不去，慳什麼？”——花光了，未死，怎辦？無以為殮，令富有的兒女要躲避記者，老夫於心不安，所以還是要慳。

甲：“前世不修今受苦，怨什麼？”——前世的錄影帶呢？這句話是受苦者自勸，還是享樂者勸人？

乙：“補破遮寒暖即休，擺什麼？”——是的，不過請勿在棉被上寫上大字：“×××贈”，然後拍照登報。最後一句：“一旦無常萬事休，忙什麼？”——不對，不對。趁着白日，我們必須作那差我來者的工。黑夜將到，就沒有人能作工了。“約翰福音”九章四節。

甲：讓你代表基督徒，和佛道兩家代表，座談辯論一番好了。

乙：佛道二家本身也互相辯爭了千多年。雖然沒有西方的宗教戰爭，也有好幾次充公佛寺，解散僧眾呢。

甲：難怪佛寺要有四大天王把守了。

乙：少男少女們聽見，可能忽然興奮，跟着又茫然詫異。流行樂壇有所謂“四大天王”，其實四大天王又稱四大金剛，不過是守護佛寺山門的四位軍區司令，手下三十二名大將，以執着大棒（杵）的韋馱為首，大棒橫放在合什為禮的雙臂，就歡迎四方僧人來食來住；如果一手按着大棒撐在地上，大家就要識做，不要來騷擾了。

甲：道教看見這麼熱鬧，自己就拿出元始天尊來作人類之祖，配合了道德天尊太上老君、靈寶天尊，所謂“一氣化三清”，作為神仙的最高元首。

乙：老子比關公更死後走運。先前可能只是一個小小圖書館主任，看見社會亂亂的，就趕辦退休移民，到了函谷關，也不必護照，也不必簽證，怎知卻被留下幾天，寫作《道德經》。

甲："騎青牛，過函關，老子姓李。"

乙：好在你並不姓李，否則我就要抗議你討便宜了。

甲：你也並不姓劉。

乙：否則便對以：

"斬白蛇，興漢室，高祖是劉"了。

甲：其實中國人尊父祖，重宗法，才有這副互相戲謔的對聯。現在看來，為子孫作馬牛，而子孫大半忘恩負義，什麼老子高祖，不做也罷。

乙：最有智慧的神仙，更是逍遙觀賞，雲遊四海；日常行政嘛，就交玉皇大帝率領文武百官眾神眾仙處理。遊走在朝野之間的是民間最熟悉和親切的八仙：鐵拐李、漢鍾離、張果老、韓湘子、曹國舅、藍采和，有老有嫩，有官有民，有肥有瘦；當然，這台戲少不了唯一花旦何仙姑，以及那位能劍能詩、好酒好色的呂洞賓。呂洞賓凡心一動，降生在美國，可能就是總統克林頓了。

甲：還是韓湘子好，文質彬彬，又會吹簫弄笛，高雅之至。

乙：歷史上的韓湘，本來是韓愈的侄孫，《祭十二郎文》那位十二郎韓老成的兒子。

甲：韓愈有首七律名篇，就是為他而作。

乙：唸來聽聽。

甲：一封朝奏九重天，夕貶潮陽路八千；本為聖朝除弊政，肯將衰朽惜殘年？雲橫秦嶺家何在？雪擁藍關馬不前，知汝遠來應有意：好收吾骨瘴江邊！

乙：悲壯！悲壯！文革時期那些醜詆韓愈的人——

甲：包括那位年高名重寫《柳文指要》的章士釗。

乙：就是那位當過大官，又做過北京大學圖書館長，送過當時的館員毛澤東幾塊錢的章士釗。

甲：爾曹身與名俱滅，不廢江河萬古流。

乙：算了，算了。我們還是談說神仙有趣些。據說八仙與四海龍王，又曾經發生過誤會，到今還有水上人家，揮忌七男一女坐一條船，恐怕巡海夜叉點錯相，對龍王報錯料，於是翻江倒海。

甲：當時八仙可能也大暈船浪，何仙姑更是花容失色。

乙：你也不必太過憐香惜玉。他們八仙過海，各顯神通，早就騰雲駕霧，施放空對海飛彈，大戰龍王號主力艦，和蝦兵蟹將小炮艇了。

甲：中國的神仙都騰雲駕霧，真好，迷離飄忽，有詩意。到埗了，就像徐志摩的新詩名句："我揮一揮衣袖，不帶走一片雲彩"。

乙：對呀，省得像現代人般，泊車麻煩。他們中東西亞的同行就坐飛氈，也很舒服。

甲：都採購自"波斯地氈公司太空分銷處"。

乙：對。不過不飛的時候是不是要捲起來帶着，麻煩之至，跟街上乞丐睡完捲起爛席挾着走路差不多。

甲：神仙自有辦法，或者可以存放在滿天亂飛的人造衛星裡。

乙：人造衛星絕大部分是西方國家的，他們自己的神仙都長了翅膀，或者騎着掃帚。

甲：插翼能飛，不過休息的時候又不能像鳥雀的斂翼，因為雙臂還要活動，只好豎在背後，像中國戲臺上那些將軍元帥背後那幾面小旗幟。

乙：還是中國的女神仙瀟灑大方，雍容高貴。環珮叮噹，長袖善舞，"風吹仙袂飄飄舉，猶似霓裳羽衣舞。"

甲：佛教徒的女性崇拜感情，集中向由男變女的觀音。道教在這方面就供應比較充足：創世的有西王母、后土娘娘、女媧；領導婦女組的有碧霞元君，九天玄女有時又賜下無字天書，讓薛仁貴、宋江之類人間英雄得到勝利的秘密貼士。麻姑、織女、金花夫人，都是祈求"旺夫益子"的對象。

乙：沿海地區，媽祖天后，應該是最重要的女神。

甲：當然，風濤險惡，天后是海上人家生命最大的寄託。

乙：就像浮沉在人海波濤中特別顛簸的娛樂影視界，商業界，賭博業特別迷信。

甲：最近幾年，我常到台灣，那邊許多老百姓，尤其是中南部的，多神以至泛神信仰非常流行，與高度現代化的工商經濟、聲色享受，硬體設備，對比得十分強烈，交織得十分詭異。

乙：大概有日本神道的影響。也是四十年代末期以前的中國大陸和台灣本身的結合品，這也是文化現象奇妙的地方，他們崇拜些什麼？

甲："天"是玉皇大帝，"地"是福德正神，"日"是太陽星君，"月"是太陰娘娘，群星是七星娘娘，南斗與魁斗；眾嶽是三山國王、東嶽大帝，又有水德星君與火德星君。

乙：孟子早說過："民非水火不能生活"。

甲：當然有四海龍王，風伯雨師。又有合祀天、地、水的三官大帝神廟。

乙：我們小時在香港民間門口地下常見的"五方五土龍神，前後地主財神"有沒有？

甲：有。任何地方的人，都想發財，都離不開土地。

乙：都一定有——而且早就知道恐懼——死。

甲：陰曹地府，十殿閻羅，全部有。

乙：群山大地都有石頭，大陸有泰山石敢當，台灣呢？

甲：也有。稱為石頭公、石將軍。

乙：這是無機物；有機的生靈呢？

甲：也是洋洋大觀。牛、虎、馬稱為"爺"，猴、龜、兔稱為"將軍"，獅稱為"金獅公"——

乙：免致和老師的老師——師公——相混，加個"金"字。金毛獅王，威風凜凜。英國的獅心王李察。匯豐銀行以獅子為商標。唉，森林大殺手，貓科動物的頭頭，食物鏈的首席。做惡人也要最惡，反而受人崇拜，並且稱"公"。

甲：獅子老虎的小弟弟，可愛的貓，稱為"大將公"。

乙：因為牠消滅鼠輩吧。狗呢？

甲：犬公。

乙：對人有益，封為"公爵"也好，狗公，The Duke of Dog，雙聲。

甲：奇怪是蛇也稱為"聖公"。

乙：人對蛇從來都畏忌、恐懼。穿穴入隙，奸詐狡猾，醜怪毒辣，在太古洞穴、樹頂，人們常常遭害，特別是在睡夢之中，防不勝防。

甲：所以那時的親友早上見面，互相問候"無它乎"，沒有蛇吧？蛇就是"它"的本相。

乙：聖經也以蛇為魔鬼的化身。豬呢？猶太教、伊斯蘭教都以豬為不潔，豬肉實在好吃，農業社會又必然家家養豬，"家"字就是屋頂下面一頭 BABE。

甲：唉，慘。人善被人欺，豬又肥又鈍，又沒有利爪，任人宰割，還要被稱為"鬼"。

乙：他們要細讀 George Orwell 的名著：*ANIMAL FARM* 了。植物呢？

甲：松柏竹榕，一律稱公。

乙：榕樹經風歷雨許多年代，氣根又多又長，正是樹之中的壽星公，九龍油麻地的榕樹頭，就是香港開埠以來平民夜總會的大統領。一代又一代的小孩兒，都被父母"契"在它名下呢。

甲：長命富貴，天下父母之心。番薯、龍眼，都稱為"公"，米花甚至被稱為"神"。

乙：可食可觀，神妙之至。死物呢？

甲：城隍、竈君、門神、井公，應有盡有。

乙：中國民間拜祀的神靈，不論原先是偉人、祖先，抑或日月星辰、山河大地、草木禽獸，一律人格化、擬人化，相信台灣之類海島地區，也不例外。

甲：是，可惜我們沒有海南島的資料，不過相信也差不多，所以也各有誕辰。

乙：許多節令就是神明生日。最多人記得的是二月十九觀音誕，三月廿三天后誕，六月廿四關帝誕。

甲：當然是陰曆。無可查證，無可稽考。

乙：神靈也有衣食住行的需要和活動，就和人類一樣。

甲：對。神穿金袍，鬼用紙衣，吃葷的三牲祭奉，茹素的香花供養，並且或茶或酒。

乙：神鬼是靈，竟然有物質需要，奇怪。他們來去如風，不必坐轎乘車了吧？

甲：你錯了。人間有的，神鬼也要。你沒看見祭祀燒衣，有人紮了珍寶機、大郵船嗎？當然，先就有花園洋房，泳池別墅。

乙：對，神明的住宅與"辦公"地點，名目也是洋洋大觀：龍山寺、元清觀、朝天宮、關帝廟、地藏庵、北極殿、鼓山亭、延平閣、文昌祠……等等，等等。

甲：有大房子、有別館、別墅，親房人等自然也多起來了。

乙：對。許多神靈也有妻妾，有子女，有從屬，有婢僕。

甲：一人得道，雞犬飛升，又是中國人重家族，講關係的文化。

乙：基督教是"當信主耶穌，你和你一家必得救"，重點在每個人都當信；不是一個人信了，就帶挈全家得救，這也是文化差異。

甲：座下的金童玉女，一旦思凡，或者犯過被貶，民間又多一段愛情故事。織女是天帝之孫，還愛上民間的牛郎呢！

乙：那個少男不善鍾情？那個少女不善懷春？那個少年人辦事不是莽莽撞撞？唉，想不到變了神仙，也是如此。

甲：而且金童就永遠是金童，永不成長。

乙：香港某名伶，臨死還相信自己是呂祖座下一名仙童，如今歸位呢。

甲：呂祖可能怪他生前死後，給全世界華人太多茶餘飯後的談笑資料了。他府上其他各位，又不知相信自己是什麼了。

乙：或者問問粵劇界向來膜拜的華光大帝吧。

甲：事實上，各行各業，都有他們的守護之神。三行師傅拜魯班，八和子弟拜華光；而家中各處，廚房有竈君，睡房有床神，連洗手間也有所謂"屎坑三姑，易請難送"。

乙：廁神紫姑，其實生前是一位苦命女子，被男人欺凌霸佔，被大婦妒忌虐殺。

甲：從前產婦也是坐在馬桶上生兒育女，所以紫姑又是生產之神。

乙：廚房，廁所，當然不比款待外客嘉賓的大廳大堂那樣華麗風光，卻也是人們每日必到之處。

甲：入口出口，健康攸關；接耳交頭，人情可見。

乙：現在各國間諜戰、情報戰，許多偷聽器都隱蔽地裝在這些地點。

甲：所以也有神，最重要是面目燻得焦黑，心眼維持雪亮的竈君。

乙："上天言好事，下界降吉祥"，這位廚房首長兼司監察，每年年底上天述職，發表施政報告兼打小報告，人們就預先把一方肥豬肉，塞他口。

甲：唉，賄賂關說，人神不免。家家戶戶的利益是非，必定矛盾多多，同是那位竈君，幫誰隱惡揚善是好？

乙：人間易辦。從"滅門知縣"到刀筆師爺，抑揚予奪，就着那家的禮厚。神應該比較公道吧，況且竈君只是低級小神，怎敢欺瞞上司？

甲：很難説。中國的情況，神界即是人間，恐怕也是"上有政策，下有對策"，且看海峽兩岸，情況都相類似。

乙：展望將來，天后娘娘可能對海峽兩岸的和平解決有所貢獻，此後可能不只澳門，甚至台灣或者福建某一個城市的英文葡文，都以"媽祖"為稱。海峽兩邊人家的大門，除了面面相對而不可面面相左的門神之外，又有黑面道袍，滿嘴鬍鬚的鍾馗，他當年就因為儀容兇惡被皇帝除去名字，於是怨憤而死，死後就以捉鬼為專業，家家戶戶掛了他的圖像，就等於裝了警鐘。至於土地、城隍就類似鄉鎮區長、街坊委員書記。

甲：不少人早已把這一大批來歷不明、系統不清，而數目有增無已的滿天神佛，寫出了一篇又一篇所謂論文，賺取了不少稿費甚至學位。

乙：整理知識，交流資訊，也是功不可沒。有需求，就有供應，聽人家吧。人憑神力，神憑人食，人神之間也是如此。

甲：唉，彼此都"出小力而謀大利"，講究經濟效益，社會學家費孝通講得好："鬼神在我們，是權力，不是理想；是財神，不是公道"，比起從以色列人開始的嚴格一神信仰，禁拜偶像，真是相去遠了！

乙：許多號稱基督徒，何嘗不是"幸福應份，禍患怨神"，"有事有神，無事無神"？難怪許多拜佛拜仙的，都"無事不登三寶殿"了！

八、拖過阮公拖阮爸

甲：有人覺得：父親節、母親節之類，這些洋玩意，本來意義不大。

乙：為什麼？

甲：很簡單。如果子孝父慈，每天都是父親節。如果母不母，女不女，高唱"世上只有媽媽好"，不反而變成諷刺嗎？

乙：其實，我們的看法，可以更融通一點：我們都希望四季平安，但大年初一，特別語貴吉祥；我們愛國無分冬夏，但國慶日卻有特別的意義。又譬如孟子說："大孝終身慕父母"；但清明重陽；就特別是上墳祭掃的日子。——提起清明、重陽，當然是"慎終追遠"，有活的教育意義；但祭祀的先人，畢竟已不在世。古人說："祭之豐，不如養之薄也"，生前多叫一聲媽，好過死後十紮花。父親節、母親節，就給我們一個提醒：要珍惜現在，把握目前，享受天倫的樂趣與溫暖。所以，即使這類節日，由外國運到，也沒有什麼不妥。我們現在許多衣食住行的好東西，就並非土產了。

甲：當然，外國月亮，也不常常是圓的。譬如：迷幻藥的害人，就甚於魏晉六朝的五石散。又譬如：中國古人所謂

"父母於子無恩"的"仇孝"之說，是極少數人偏激的見解；但今日許多人掛在口邊、表示前進的所謂"代溝"，出自西人，卻流行廣遠，幾乎變成真理。——"代溝"，究竟有沒有呢？好幾年前有一次我在港大飯堂，與一位同學閒談，提起他的兄弟也在中大唸書。我說："你爸爸媽媽一定很開心了。"意外地，他冷淡地說："我不知道他們是否開心。"我想：若干年後，這位同學為自己的兒女小學畢業而開心的時候，他大概就會知道答案了。所謂"養子方知父母恩"，所謂"子欲養而親不在"，這真是兩代之間的溝隙，父子親情的遺憾。

乙：不過，最遺憾的還是：許多入世未深、而又勇於發表的青年人，不少自己童年不幸，就要所有人都分享他的怨憤的中年人，往往剛愎地宣稱："父母養子，是責任而不是恩德；子女受養，是權利而不必圖報"——因為歐美先進人士，都是如此看法——這種論調流佈下去，相信不久就有更多本地的老年朋友，向歐美的不少老人家看齊：孤零零地在家中病死、餓死，到屍體發臭，才由派報紙的、派牛奶的、派救濟金的，輾轉通知住在同一條街的兒女了。

甲：好幾十年前，拿了幾十個西方大學榮譽博士的胡適，被中國不知幾千幾萬個守舊人士罵為洪水猛獸的胡適：寫了一篇文章《我的兒子》，就與朋友汪長祿信來信往，掀起一場辯論，雙方的論點都很有代表性。

乙：是啊。或者未經胡汪兩位同意，我們分別代表他們，講述一下雙方觀點。

甲：唉，他們也沒有辦法不同意了。

乙：中國傳統對待死者的最好原則，不是"事死如事生，事亡如事存"嗎？

甲：喪葬祭祀的最高原理就是如此。不過，我們義務替他們傳揚思想，相信他們在天之靈也一定喜悅吧。

乙：有沒有靈魂，都可以辯論。在不在天上，都可以研究。

甲：一說，話就更遠了，還是先回到孝道問題上面吧。胡適的文章說：他告訴兒子："你既來了，我不能不養你教你，那是我對人道的義務，並不是待你的恩誼。"這就是做父母一方面的說法。換一方面說，做兒子的也可模仿同樣口氣說道："但是我既來了，你不能不養我教我，那是你對人道的義務，並不是待我的恩誼。"

他又說："樹本無心結子，我也無恩於你。"這和孔融所說的"父之於子當有何親！……""子之於母亦復奚為！……"差不多同一樣的口氣。

乙："父母於子無恩"的話，從王充、孔融以來，也很久了。胡適否認從前有人說他曾提倡這話，直到當年他自己生了一個兒子，才想到這個問題上去。

甲：後來五十年代中大批胡適，文章三大冊，裡面就有他這個兒子的話，有和他這個做父親的劃清界線的意思，大概不一定是出自內心的吧。當初胡適說，這個孩子自己並不曾自由主張要生在他家，自己做父母的不曾得他的同意，就糊裡糊塗的給了他一條生命。況且也並不曾有意送給他這條生命。既無意，如何能居功？如何能自以為有恩於他？他既無意求生，生了他，對他只有抱歉，更不能"市恩"了。自己糊裡糊塗的替社會上添了一個人，這個人將來一生的苦樂禍福，這個人將來在社會上的功罪，自己應該負一部分的責任。胡適説，偏激一點講，我們生一個兒子，就好比替他種下了禍根，又替社會種下了禍根。他也許養成壞習慣，做一個短命浪子；他也許更墮落下去，做一個軍閥派的走狗。所以我們"教他養他"，只是我們自己減輕罪過的法子，只是我們種下禍根之後自己補過彌縫的法子。這可以説是恩典嗎？

乙：胡適的看法，正如他自己承認，是相當偏激了。汪長祿就指出：兩方面湊泊起來，簡直是親子的關係，一方面變成了跛形的義務者，另一方面變成了跛形的權利者，實在未免太不平等了。平心而論，舊時代的見解，好端端生在社會一個人，前途何等遙遠，責任何等重大，為父母的單希望他倆的兒子，固然不對。但是照胡適的主張，竟把一般做兒子的抬舉起來，看做一個"白吃不回賬"的主顧，那又未免太"矯枉過正"。汪長祿又説，姑且丟卻親子的關係不談，先設一個譬喻：假如有位朋友留我在他家裡住上若干年，並且供給我的衣食，後來又幫助我的學費，一直到我能夠獨立生活，他才放手。雖然這位朋友發了一個大願，立心做個大施主，並不希望我些須報答，難道我自問良心能夠就是這麼拱拱手同他離開便算了嗎？我以為親子的關係，無論怎樣改革，總比朋友較深一層。就是同朋友一樣平等看待，果然有個鮑叔再世，把我看做管仲一般，也不能夠説"不是待我的恩誼"罷？

甲：胡適説汪氏批評他把一般做兒子的抬舉起來，看做一個

117

"白吃不還賬"的主顧，這是誤會。他的意思恰同這個相反。他想把一般做父母的抬高起來，叫他們不要把自己看做一種"放高利債"的債主。所以在文章結尾說道："我要你做一個堂堂的人，不要你做我的孝順兒子。"

乙：汪長祿並不十分反對胡適這話，只是他以為應該加上一個字，可以這麼說："我要你做一個堂堂的人，不單要你做我的孝順兒子。"為什麼要加上這一個字呢？因為兒子孝順父母，也是做人的一種信條，和那"悌弟""信友""愛群"等等是同樣重要的。舊時代學說把一切善行都歸納在"孝"字裡面，誠然流弊百出。但一定要把"孝"字"驅逐出境"，劃在做人事業範圍以外，好像人做了孝子，便不能夠做一個堂堂的人。換一句話，就是人若要做一個堂堂的人，便非打定主意做一個不孝之子不可。總而言之，汪氏不同意胡適把"孝"字看得與做人的信條立在相反的地位。他以為"孝"字雖然沒有"萬能"的本領，但總還夠得上和那做人的信條湊在一起，何必如此"雷厲風行"硬要把他"驅逐出境"呢？

甲：胡適不同意古人把一切做人的道理都包在孝字裡，如《大戴禮記·曾子大孝》篇所說：戰陣無勇，蒞官不敬，等等都是不孝。這種學說，汪氏也承認他流弊百出。所以他要兒子做一個堂堂的人，不要做他的孝順兒子。胡適說，"一個堂堂的人"決不至於做打爹罵娘的事，決不至於對他的父母毫無感情。

至於汪氏批評他把"孝"字驅逐出境，胡適反問：現在"孝子"兩個字究竟還有什麼意義？現在的人死了父母都稱"孝子"。孝子就是居父母喪的兒子（古書稱為"主人")，無論怎樣忤逆不孝的人，一穿上蔴衣，帶上高粱冠，拿着哭喪棒，人家就稱他做"孝子"。

乙：說得也動人，現在有些地方，所謂孝子還僱人，代他哭號，台灣還有些土財主，在靈車後面跟着輛花車，請些風月女郎大跳艷舞，說是給死去的父親和送喪者娛樂娛樂呢！

甲：唉！真是怪事年年有，大概也是有其父必有其子吧。胡適之引述易卜生名劇《群鬼》中間一段對白：

（孟代牧師）你忘了沒有，一個孩子應該愛敬他的父母？

（阿爾文夫人）我們不要講得這樣寬泛。應該說："歐士華應該愛敬阿爾文先生（歐士華之父）嗎？"

這是說，"一個孩子應該愛敬他的父母"是基督教一種信條，但是有時未必適用。即如阿爾文一生縱淫，死於花柳毒，還把遺毒傳給他的兒子歐士華，後來歐士華毒發而死。請問歐士華應該孝順阿爾文嗎？若照中國古代的倫理觀念自然不成問題。但是在今日可不能不成問題了。假如我染着花柳毒，生下兒子又聾又瞎，終身殘廢，他應該愛敬我嗎？又假如我把我的兒子應得的遺產都拿去賭輸了，使他衣食不能完全，教育不能得着，他應該愛敬我嗎？又假如我賣國賣主義，做了一國一世的大罪人，他應該愛敬我嗎？

乙：其實《聖經》是要兒女"在主裡"孝敬父母，並不是叫人愚孝。即如剛才你說那些拿着哭喪棒的所謂"孝子"，只是世俗喪禮上的稱呼，並非道德意義上的、真正的孝子。胡適之的邏輯有時也有問題。

甲：舊式訃文，凡所謂"孝子"都自稱"不孝某某，罪孽深重，不自殞滅，禍延顯孝⋯⋯"等等，真是虛偽可笑。

乙：不過胡適之這樣講法，就如汪長祿所說，怕的是一般根底淺薄的青年，動輒抄襲名人一兩句話，敢於扯起幌子，便"肆無忌憚"起來，也便可以說道："胡先生教我做一個堂堂的人，萬不可做父母的孝順兒子。"久而久之，社會上佈滿了這種議論，那麼任憑父母老病凍餓以至於死，都可以不去管他了。汪氏委婉地說：他也知道胡適的本意無非看見舊式家庭過於"束縛馳驟"，急急地要替他調換空氣，不知不覺言之太過，那也難怪。從前朱晦庵說得好，"教學者如扶醉人"，現在的中國人真算是大多數醉倒了。胡適當下告奮勇，使一股大勁，把他從東邊扶起。怕是用力太猛，保不住又要跌向西邊去。那不是和沒有扶起一樣嗎？萬一不幸，連性命都要送掉，那又向誰叫冤呢？

甲：胡適最後答辯，他是從做父母的一方面設想的，是從他個人對於自己的兒子設想的，所以他的題目是"我的兒子"，意思是要兒子曉得他只有抱歉，決不居功、決不市恩。

至於我的兒子將來怎樣待我，那是他自己的事。我決不期望他報答我的恩，因為我已宣言無恩於他。如果有人扯起幌子，說，"胡先生教我做一個堂堂的人，萬不可做父母的孝順兒子。"這是他自己錯了。我的詩是發表我生平第一次做老子的感想，我並不曾教訓人家的兒子！

總之，我只說了我自己承認對兒子無恩，至於兒子將來對我作何感想，那是他自己的事，我不管了。

乙：當然，到他兒子隨眾奉命批他鬥他，他也"死後是非誰
　　管得"，不識不知、無感無覺了。

甲：人死了，是不是就如燈滅，也很難說。我們都不曾死
　　過，死了的人，又從來沒有宣告他的經驗與心得。

乙：《聊齋》和莎翁名劇都有許多鬼的告白。

甲：唉，那是小說戲曲而已。如果兒女批鬥雙親時候，父母
　　還在生，一定萬分難過。

乙：如果兒女的兒女也在場，就更是悲慘醜惡的、活的教
　　育。

甲："拖過阮公拖阮爸。"

乙：你說什麼？

甲：拖過爺爺的，將來拖爸爸。

乙：這是什麼話？

甲：閩南話。

乙：失敬失敬，原來你懂閩南話。

甲：不懂。慚愧慚愧，我是從《大公報‧小公園》一篇很好
　　的專欄文章看回來的。意思對不對，請教福建與台灣的
　　朋友。

乙：你先解釋解釋。

甲：某農夫勤苦一生，養大了兒子，又生了孫子，孫子又變
　　了大孩子。

乙：看來，這農夫也少不免老了，病了，快要見閻羅老子。

甲：唉，閻王沒那麼心急，心急的是他兒子。

乙：怎樣？

甲：兒子和媳婦討厭老傢伙疾病多，用途少，平時已經又咒
　　又罵，現在就趁他昏迷，放進豬籠，由兒子把他用大繩

拖了上山。

乙：啊！

甲：一個人力氣不夠，還找自己的兒子幫手。拖了上山，讓他自生自滅。

乙：唉，這樣也做得出。

甲：下山的時候，兒子正想把大繩和豬籠丟棄，孫子說："留下吧"。

乙：為什麼？

甲：咦，奇怪，問的問題和他問的一樣，你不是那兒子吧？

乙：別開玩笑，快說。

甲：孫子說："留着吧，拖過阮公，將來拖阮爸"——閩南話，阮公，就是爺爺；阮爸，就是父親。

乙：那父親，即是那爺爺的兒子，豈不是氣死？

甲：不是，是給自己的兒子一言驚醒，他的羞恥心和計算心一同迸發。立即回頭，丟了繩，拋了籠，把爺爺揹下山，一同回家去。

乙：唉，良知未泯，喜劇收場，與日本電影《楢山節考》可以比美。

甲：怎樣？

乙：農村極窮，窮出了兒子揹年老父母上山等死的陋俗。有個母親，一路在兒子背上撒下一些觸目的東西。

甲：為什麼？

乙：咦，奇怪，你不是那兒子吧？問的問題和他問的一樣。

甲：唉，你報仇真快。

乙：講。

甲：母親說："兒啊，樹林又深，你回去的時候天色就更黑了，娘恐怕你迷途，所以撒了這些東西，免得你迷路。"

乙：唉，我現在聽了，也忍不住眼淚。

甲：那兒子就天良大發，哭着把母親揹回家裡了。

乙：真是感人。不過，如果蹾着老父老母閉口束手，兒子女兒意硬心冷，那豈不是仍然悲劇？

甲：貓狗雀鳥，老了死了，都是兒不知，女不管。

乙：人不是貓狗雀鳥。總要想點人的辦法。

甲：是啊，凡生物都會本能地"為子孫作馬牛"，但，只有人類，只有脫離了野蠻的人類，才懂得感恩報本。禽獸畜牲的兩代親情，有時而盡，小狗小貓大了，兩代之間，也就渾然相忘，關係看來沒有什麼特別。如果同在一群，有時還會慘酷地弒父奪位。只是，人類的成長期最長，需要父母的照顧最久，父母愛護子女之心，也就無窮無盡；並且，人類的靈性最高，所以子女也會懂得，返過頭來照顧父母。

乙：你講得對。古文名篇《陳情表》所謂："臣無祖母，無以至今日；祖母無臣，無以終餘年"，李密這句千古名言，震盪心絃，就因為發自人性的最高貴之處，如果人性之中，不是有這高貴的成分，人間又怎會有"孝"的道德呢？

甲：我們開首提到胡適他們的看法，似乎聽來清高："生兒育女，是情慾的報應，本來說不上什麼功德。"是的，生兒育女，本來由於情慾，不過，繁衍後代，既是天賦職能，為什麼盡了職能，反而要懲罰？而且，情慾本身，只要不是放縱，又有什麼罪惡？還有：十月懷胎、廿年教養，旁觀者可以冷淡地事不關己，父母本身可以豁達地功成不居，為子女者，又怎可以涼薄地一筆抹煞？如果連生育教養的恩德，都可以一筆抹煞，還説什麼人倫道德？還説什麼公共關係？常見的事實是：子女幾磅幾安士的時候，父母為他們的發燒發熱，而心急如焚；為他們的咳嗽嘔瀉，而徹夜不睡。子女幾歲、十幾歲、甚至廿多卅歲的時候，父母為他們的升學、就業，甚至前途、婚姻，而絞盡腦汁，受盡閒氣。月月年年，父母的青春，化作了子女的青春。當父母的青春逝去，當整個社會都無情地就要把自己遺棄的時候，那最後的指望，那青春煥發的兒女，卻再加上狠心的一推、再加上致命的一踢，説：“老鬼！我也不要你！”這不是太殘忍嗎？

乙：真是太殘忍了！一個人如果連生養自己的父母，也沒有感恩，沒有道義，對他人、對社會，又怎有真正的責任感呢？負心的兒女越多，傷心的父母越多，不要孩子、不愛孩子的夫婦也就不得不越多。連自私成分最少的兩代親情，都如此褪色，人間還有什麼真正的指望呢！其實，“孝道”就是“厚道”、就是“人道”；振振有辭地菲薄孝道的人，認為人類進化，現代化就必須以放棄孝道作為代價的人，實在是用文明的語言，使人復返於野蠻的地步！

甲：現在文明先進的國家，不論何黨執政，納税人的晚年生活，政府都有照顧的義務。另一方面，在人提起就罵的舊社會，老年人的生養死葬，有家族、宗親、甚至同鄉的關懷照顧。最慘是半新不舊、亦新亦舊的、兩頭不到岸，情況就不免狼狽了。往時慣説的“養兒防老”，幾乎可以收入神話；而"親生仔不似近身錢"，也早已由熱烈的慨歎，變成冷靜的寫實了。

乙：其實西方現代社會，也早已有人批評是"少年人的天堂，中年人的戰場，老年人的地獄"。不過照移了民的朋友們實際觀察，他們的老人福利其實辦得不錯，就是親情淡薄，教會的功能也好像大大退步，晚景寂寞，幾乎是絕大部分老年人所要面對的了。

甲：如果我們冷靜地分析，當然可以說：冰凍三尺，非一日之寒；這些現象，其來有自。近三百年來，西方浪潮，作全球性的泛濫；而近幾十年，即使西方本身，也有越演越烈的變化。許多傳統的價值觀念、社會架構，都紛紛動搖，甚至解體。"變"與"忙"成了我們這個時代的特色。以往是穩定而停滯的自足社會；現在是三年一小變、五年一大變的國際世界。以往是五代同堂，安土重遷的大宗族；現在是各立門戶、遷徙頻繁的小家庭。以往是尊重道德，在宗法或者宗教社會中，體認大我；現在是崇尚知識，在財富或者權力鬥爭中標舉個人。以往是尊重經驗、講究耐用、恆久；現在是揮霍青春、不惜一用就拋棄。以往欣賞的，是"忠厚留有餘地"；現在鼓吹的是"有風必須駛盡'哩'"。在個人主義的社會，子女被教導：不要做父母的複製品；在集體主義的陣營，青年被激勵：做政黨的兒女、必要時親生父母也可以鬥爭；而不論什麼社會，一旦金錢掛帥，就必然"爹親娘親不如金親銀親"，"不愛爸爸，不愛媽媽，只愛鈔票花花"了！

乙：其實，真正的文明社會，不只是幼有所長，而且是老有所終；不只要少者懷之，而且要老者安之。忘本的社會、涼薄的社會，當下便是冷酷的人間地獄。所以，政府和民間機構，除了協力建立健全的退休養老制度、除了照顧老年人的精神生活以外，還要切實地提倡倫理教育。兩代親情厚一分，不幸的家庭減少一個，社會的罪案就減少一件。再推而廣之：所謂"老吾老以及人之老"、"幼吾幼以及人之幼"；親子之間合理情誼的發展，有助於建立和維持一個健康的社會，減少現代人孤立，寂寞的恐懼。"家齊而後國治"，這古老的道理，可以這樣理解。

甲：中國自古把人生道德，歸結為五倫之教。古人說："夫婦為人倫之始"，因為有夫婦才有父子、才有兄弟；但"父子有親"，卻是倫常教化之首。一切生物，都會交配繁衍；但只有人類，才會認識和珍重這個父子之親的永恆關係。夫婦，尤其是現代的夫婦，離離合合，越來越平常；父母子女的親情，卻是登遍了全世界的報紙，也不能真正脫離關係，更不要說"夫妻本是同林鳥"和"上陣不離父子兵"這兩句俗語之所以形成的道理了。我們可以這樣說："父慈"是動物本能，這本能不應受到受惠者的懲罰；"子孝"是人性精粹，沒有了它，人就返回野蠻世界。子孝父慈，構成了世上最強固的黏合劑，填平了兩代之間的差距，填平了所謂代溝！進一步說：片面的、奴才的泛孝、愚孝，固然絕不足取；理性的孝道，仍然是社會和諧的要素。

乙：話又說回來：政府可以多建公園，讓孤寂的老人，曬整個上午的太陽；慈善機構可以多建安老院，讓一群又一群孤寂的老人，分擔彼此的孤寂；但是，父母、尤其是年老的父母，他們所最需要的陽光與溫暖，卻只有兒女才可以提供。這也是造物者安排的、人性的需要。現代即使崇新知、尚朝氣，不過，自己做了碩士博士，就看不起父母不懂ABCD，這其實是真正的可恥！我們做子女的，要欣賞、感謝父母對家庭、對社會的貢獻與努力，更要體諒、同情父母的缺失與限制。沒有父母的打石、擔泥，何來子女的榮華富貴？父母以"親情"和"希望"，履行了長期的、艱苦的教養天職；子女也以"親情"和"良知"，完成了反哺的責任。這就所謂"子孝父慈"，古老而又時新的理想。

甲：中文那個"孝"字，下面是"子"，上面是"老"的簡省，從篆書看得更清楚："子承老為孝"真有意思。

乙：是的。中國文化從古就極重孝道，強調人類，報答本源的"感恩心"、宗族承傳的"責任心"和顧念衰老的"同情心"。

甲：所以《尚書》第一篇《堯典》，一開首就表揚這位儒家內聖外王的最高典範人物"克明峻德以親九族"——"能夠修明自己崇高的德性，以親睦族群"——美德之中，作為基礎的，當然是善事父母的"孝"道以及由此而衍生的、敬兄愛弟的手足之愛——"悌"。

乙：《堯典》後半又和《孟子》、《中庸》一樣，稱譽唐堯的接班人虞舜，在父親愚頑、母親蠻惡、弟弟驕暴這種慘痛情況之下，仍然克盡孝悌之道，力求和諧，真真太不容易了！

甲：想當年我們中學會考，要硬啃《禮記》的《大學》、《中庸》兩篇。《四書》唸了一半，真不簡單呀！

乙：《大學》説"自天子以至於庶人，壹是皆以修身為本"，《中庸》稱道文、武、周公大聖大孝那一大段，聽來像頌讚詩。

甲：《大學》《中庸》應該都是周末漢初之間不知名儒者的傑作。漢朝的皇帝，謚號上面都有個"孝"字，後來北魏漢化，也有樣學樣，"以孝治天下"的理念，真是由來已久。

乙："孝弟力田"、"孝廉方正"等等，也成為選舉人才的項目。當然，實際做得幾分，是另一回事了。

甲：秦皇、漢武、唐宗、宋祖——論到孝道，皇帝當然應該以身作則。似乎宋太祖、漢武帝還勉勉強強，秦始皇把自己的真正爸爸貶逐，唐太宗號稱"天可汗"，功業最偉大，孝悌之道最不合格。

乙："玄武門之變"，與親兄弟喋血火拼，殺了長兄建成，弟弟元吉，又逼老爸唐高祖讓位。

甲：唐太宗、漢武帝晚年都跟太子，唉，兩父子，兵戎相見。這真是儒家理想的反諷！後來就連那個混蛋的西太后也被冠以"孝欽"兩個字了。

乙：這個問題牽涉君主專制問題，十分複雜，我們在別的地方再説。孝道本身當然是好的。孔子、孟子都早年喪父，由母親教養成長，對孝道體會特別深刻，提倡特別有力。

甲：孔孟之間的關鍵人物，曾子，就以大孝著稱。舊日相信《中庸》作於孔子的孫兒子思，子思就是曾子的學生。朱熹又説《大學》出於曾子和門人之手。

乙：《大戴禮記》有《曾子大孝》篇，另外又有假託為孔子與曾子師徒問答的《孝經》，都是上承《論語》，把儒家孝道理論發揮盡致，成為二千年來的國民道德思想基礎。

甲：《孝經》一開首就以“經”為名。這是地位崇高的“十三經”之中，唯一的例子。

乙：儒家認為禮樂文化的基本精神就在於感恩報本，這也是所謂“仁”的愛心表現。荀子《禮論》篇所謂“禮有三本”、“天地”是生命之本，“君師”是政治教化之本，而祖先是族類的根本，所以要祭天地、拜祖先、敬師、尊君，而最切身、實際、從懂人事就要開始的就是孝敬父母。

甲：所以舊日中國人家裡，有個“天地君親師”的牌位。

乙：聯合崇拜，整體敬禮。從基督徒的觀點來說，很有問題。

甲：這是中國文化傳統和希伯來一神宗教信仰傳統極大不同之處，如你剛才所說，也是牽涉複雜，我們在別的地方再說。《禮記》裡面許多理論，都是荀子學說的承繼。

乙：荀子傳經有功，下開漢儒，這點清人早已說過。當然，《孝經》《開宗明義》篇所謂“夫孝，德之本也，教之所由生也”；《三才篇》所謂“天之經也，地之義也，民之行也”，都是源於荀子所崇敬的孔子，而又擴而大之。

甲：千百年來所謂“移孝作忠”，“忠臣出於孝子”之門的理念，就由此形成。如果我們整理一下這些經典的學說，“怎樣行孝”？也有一個清晰的層次。

乙：對。首先是俗話所謂"保重身體，猶如孝敬父母"，"身體髮膚，受之父母，不敢毀傷"，是孝的開始。

甲：剪髮、紋身、割雙眼皮、穿耳環都有問題。

乙：老兄是說笑，不過某些古人確有這個看法。我們也不必如此執着不過，人要認識到：生命、身體，都不是單單屬於自己，基督徒說身體是上帝的殿，儒家認為身是"親之遺體"，都是叫人不可任性妄為，自傷自棄。

甲：現在許多青少年小小挫折，便動輒自殺，不知孝道為何物，真是令人痛心。

乙：幾年前香港有個十七歲少女，只因為男朋友踢倒了她那碟炒飯，沒有如她所願地道歉，便立即跳樓。

甲：真是白受教育，白生白養。

乙：第二步是安然敬養父母到終。

甲：是的，不只養，而且敬；不只敬，而且安然出於內心，親愛精誠，始終如一，真是難得。

乙：《論語》所謂"色難"，《禮記》所謂"菽水承歡"，現代都是珍稀動物了。再高一層是繼先人之志，述祖宗之事。

甲：司馬遷寫成鉅著《史記》，這便是動機之一——對先祖的使命感，他真是家學淵源，幼承庭訓。

乙：你這兩句成語，都是出於《論語》孔鯉趨庭聽父親孔子教訓的故事。

甲：《禮記・學記》篇所謂"克紹箕裘"，也是"繼志述事"的孝道表現。

乙：我看重點是在繼承事業精神。如果一定要硬性的"父業子承"，許多時候兩代的性格、才能、環境不同，勉強規限，反為不美。

甲：對。所以孔子也說："才不才，亦各言其子也"，孔子也只是勉勵兒子學詩以言，學禮以立，並不勉強他一定要超過其他弟子，做"專利"的聖人繼承人。

乙：事實上也無可勉強。曹丕說得好："引氣不齊，巧拙有素，雖在父兄，不能以移子弟"，譬如他爸爸曹操的文武兼資，雄才偉略，兒子們就沒有一個學得來。曹丕曹植，都只是"文采風流"，只能"賦詩"而不能"橫槊"，再下代就更闇弱，卒之被司馬氏依樣葫蘆，像曹魏篡漢一樣，欺人孤兒寡婦，篡奪了他們的江山。

甲：司馬炎承父兄餘蔭，奪得了政權，於是往自己臉上貼金，號稱"以孝治天下"，許多讀書人不屑其奸而又不能反抗，於是放浪形骸，逃遁到老莊之道，"非湯武而薄周孔"，所謂"孝道"，在他們看來，不過是又一種虛偽的把戲。

乙：不過他們自己其實是性情中人，並不菲薄真正的孝道，只是對世俗禮法，故意反叛、輕蔑。竹林七賢之一，大名士阮籍，母親彌留他卻堅持與朋友下棋。回到家裡，母親已經入殮，他一不穿喪服，二不行禮，直入竈堂喝了兩斗白酒。

甲：看來真是太不近人情了。

乙：酒氣一動，他就倒臥在地，放聲大哭，哭得地倒山搖，摧肝裂肺，然後勉強撐起上身，哇的吐了一大口一大口鮮血！結果真的形銷骨立，瘦得不似人形。連要找機會給他一個"不孝"罪名的人，也無從下手了！

甲：其實儒家所謂"敬始慎終"，"生事之以禮；死葬之以禮，祭之以禮”，虛偽，當然沒有意義；驚世駭俗，也大可不必。

甲：是的，所以儒家行孝的第四個層次，便是安葬，祭祀，本於仁而盡於禮，使祖先與子孫的生命情感相通。我開首所提，《禮記・中庸》那個名句：“事死如事生，事亡如事存”，精神便在這裡。

甲：問題是儒家常常對人性太過樂觀。基督教的精神，也在人通過基督而與上帝生命情感相通，不過連許多信徒，都不免“有事有神，無事無神”，佛教徒也往往“無事不登三寶殿”，何況是雖然親切但是平凡的祖先呢！無所祈求之時，就訴諸理智而輕其無知；有所祝禱，則又訴諸情感而望其有能，於是意趣、儀式，就與多神、泛神信仰無別了。

乙：不錯，清朝康熙皇帝與天主教羅馬教宗“禮儀之爭”，近代來華的西教士傳道政策的矛盾，以至歷來中國信徒進教後與家族的衝突，往往都是圍繞着這一點。

甲：其實，四季三牲的供奉，三跪九叩的禮拜，不如“揚名聲，顯父母，光於前，裕於後”。

乙：你小時一定唸過《三字經》了，《曾子大孝》篇，所謂“大孝尊親，其次不辱，其下能養”，“大孝不匱，中孝用勞，小孝用力”，也是這個意思。不過，祖先、宗族以至國家的光榮往往又造成“民要攻打民，國要攻打國”，基督徒以一切作為歸榮耀於上帝——人類以至宇宙的德“父親”，境界又不一樣。

甲：可以這樣說：基督徒的“孝悌”，是對“天父”和“主內兄弟姊妹”而說的，生身的父母，聖經也說要孝敬，不過父母也有人的軟弱和限制，所以不像中國古人，把孝道無限擴大，幾乎替代了“仁”，所謂“五刑之屬三千，而罪莫大於不孝”，所謂“伐一木、殺一獸，不以其時，非孝也”，總之一切破壞父母心境安寧，影響由祖宗到子孫家族大我生存環境的都是“不孝”。

乙：把“不孝”無限上綱，就難免愚忠愚孝了。盲目、愚蠢的孝順，儒家原先也是反對的，《孔子家語》就有曾子忘記了“小杖則受，大杖則逃，不陷父母於不義”的原則，致被孔子怪責的故事，可惜是講得太少了，對包括君父在內的人性軟弱更是認識得大大不夠，到暴秦速亡，而法家專制的出處混入漢代儒學以後，就有“三綱”之說，孝道政治化，流弊也是不小。

甲：父為子綱，君為臣綱，夫為妻綱。君、父、夫是絕對權威，君要臣死，不死是為不忠，父要子亡，不亡是為不孝。

乙：晉獻公的太子申生，秦始皇的太子扶蘇，就是最著名的愚孝枉死的例子，結果也累了家族政權。

甲：如果公子重耳像哥哥申生這麼愚蠢，歷史上就沒有晉文公；如果扶蘇和將軍蒙恬懷疑詔命而反抗，秦的歷史可能就不止二世。

乙：可惜歷史沒有“如果”；而環境、教育、品性，又會合而成命運，當然，有人更相信一切自有冥冥中的主宰。

甲：教育最重要，特別是童年的教育。以前的《三字經》、《千字文》、《幼學瓊林》、《治家格言》，都講忠教孝，深入人心，構成社會倫理。

乙：“資父事君，曰嚴與敬；孝當竭力，忠則盡命。”

甲：“蓋此身髮，四大五常，恭惟鞠養，豈敢毀傷？”

乙：“聽婦言，乖骨肉，不是丈夫。”

甲：“重貨財，薄父母、不成人子。”——好，好，好，不只教導倫理，而且練習對偶了，不過你引述那句，現代女性恐怕要抗議。

乙：現代女性的胸襟和教養，又豈是從前可比？即如所謂“天下無不是的父母，世間最難得者兄弟”，《增廣賢文》、《幼學瓊林》都有引述，下句還可以，上句在今天就很難再有權威了——

甲：當然，這句話是錯的。對這句話，古代的兒女，是敢怒而不敢言；現代的兒女，是不肯信也不願聽。一個吸毒爛賭的父親、一個擲兒女下街慘死的母親，就破斥了這個荒謬的全稱命題。如果一旦做了“父母”，就可以“無不是”，那仙佛聖賢，不是太容易做到嗎？對現代的兒女，我們尤其不能奢望他們，對只有“生物學”意義的父母，有任何真正的感謝與敬意！

乙：我們是生在現代，而且幸運長於思想自由、視野廣闊的社會，所以有這種認識。如果時光倒流，還是奉廿四孝故事為天經地義，恐怕也不免如魯迅在《朝花夕拾》之中所謂：“以不情為倫紀”——以不近人情的荒謬教訓與故事，作為紀綱倫理。

甲：二十四孝之中，閔子騫的“單衣奉母”，黃香的“扇枕溫衾”，王裒的聞雷泣墓之類，當然十分感人；子路的“負米養親”，楊香的“搤虎救親”之類，也合情合理。孟宗的“哭竹生筍”，姜詩的“湧泉躍鯉”，等等，就事涉神奇，不能令人無疑了。

乙：陸績的"懷橘奉親"，誤導兒童為了愛自己媽媽就可以無禮違法，老萊子的"戲綵娛親"，七十多歲了，跌碎了老骨頭，扭傷了老筋肉，更老的爸媽怎辦？

甲："嚐糞憂心"更令人作嘔，自己中毒，父母豈非更慘？

乙："恣蚊飲血"、"臥冰求鯉"都是其情可珍，其愚可憫。

甲：最恐怖是"郭巨埋兒"，二十四孝故事之中，這個最荒謬，最惹人反感。

乙：在今天，一定被控謀殺，並且加控"拾遺不報"。

甲：不被控，她母親也一定傷心而死，氣憤而死。

乙：這樣的"教孝"，只教蠢了後人，誣蔑了古人。

甲：不久之前還有人把它譯為英文——唉，蹩腳的中式英文——說要讓老外開開眼界，知道中華文化的偉大呢。

乙：井蛙冬烘，自招其辱。

甲：還有一點很奇怪，二十四孝的主角絕大部分都窮得要命。

乙：貧門出孝子，從小眼見父母謀食養家的辛苦，不像富貴人家子弟，容易將一切享受視作當然。

甲：況且他們的父祖，可能也是紈袴子弟，不知稼穡艱難。

乙：所以古代王朝，一到第三、四個皇帝，所謂"生於深宮之中，長於婦人之手"——

甲："婦人"？

乙：唉，不要敏感，育嬰的從來都是婦女。帝王之家，更是宮娥無數，爭相取媚由嬰兒到孩童到少年的未來皇帝，那得不"溫室花草"，驕縱狂暴。

甲：廿四孝開首兩個典範人物，內聖外王，大舜是出於農家，正如你前些時候引述過，有愚頑的父親，蠻惡的後

135

母，分分鐘要謀他一命奪他兩妻的弟弟。漢文帝母親是長年失寵的姬妾，呂后之亂以後，大臣們辛苦找尋漢高祖僅存的骨肉，他才登其大室，所以更加謙謹。

乙："天將降大任於斯人也"——

甲：孟子那段著名的話，大家都熟悉了，不過這都在乎每個人的自覺心。富貴之家，也有父子和樂，兄弟怡怡，貧賤之家百事哀，也不一定就出純孝之子。大抵編廿四孝故事的人——相傳是元朝的郭守敬吧——認為：家境好的會覺得：人家這麼窮苦，還能盡孝，我如果不孝，不慚愧死嗎？

乙：見賢思齊，社會規範和風氣很重要，總之不論貧富，最重要是有感恩報本的孝心。

甲：有副著名的對聯，上聯説：

　　百行孝為先，論心不論事，論事貧門無孝子。

乙：對呀。貧門孝子總沒有力量送媽媽一輛小汽車；億萬富豪，送整座大廈給老爸也不見得就盡了孝道。——下聯怎樣？

甲：萬惡淫為首，論事不論心，論心終古少完人。

乙：好！聖經説凡看到婦女動了淫念，這人就犯了罪。所以論到念頭，動機，真是世人都犯了罪，虧欠了神的榮耀。

甲：宗教講潛伏的魔鬼，道德講意念的純化，法律就只能追究已犯的罪過。

乙：禮禁於未然之前，法施於已然之後，不過論到孝道，在舊日中國，就既是道德禮教所尚，也是法律刑政所管。

甲：朝廷上是"君父"，鄉村裡是"父老"，學堂中是"夫

136

子”，地方首長是“父母官”，縣官被尊稱為“老父台”，家族倫理與政治倫理合而為一，為人臣子者無所逃於天地之間。現在還有人奉承政府部門官員，是某個職權範圍的“大家長”！

乙：對呀，從周代以來，中國長期是父系宗法社會。王朝標榜的，是“以孝治天下”；教育宣揚的，是“百行孝為先”。族長、家長，是祖先崇拜之中的大祭司，妻妾兒女之間的小皇帝。

甲：皇帝之於臣民，可以生殺予奪；父祖之於子孫，生殺由政府代為執行，予奪由自己決定。

乙：產業由他分配，婚姻由他包辦。三書六禮，縟節繁文，是雙方家長主導的兩姓聯婚，直接有關的男女當事人反而等同木偶，好在《家、春、秋》的時代幾十年前過去了。

甲：重溫歷史，幾十年好像昨天，幾百年也好像前幾個月而已。中國社會學家瞿同祖研究元明清幾朝的法律，原來父母殺死他認為不孝的兒孫，可以免罪，至少是從輕議處。反之，子女弒親，當然十惡不赦，即使無心誤傷，或者父母自己誤會氣忿致死，子女也構成罪名，甚至要特別加重刑罰，官府應父母要求，流放“不孝”的子女，如果父母未及收回成命而死，那兒女就終身不得回鄉了！

乙：慘！孝道本來顯現人性的光輝，愚昧的孝道，絕對的父權，卻扭曲了人道，展示了人性的軟弱，難怪基督徒“要在主裡”孝敬父母，而反對視父母祖先為神，加以崇拜。

甲：司法方面，因為《論語》孔子說過"父為子隱，子為父隱，直在其中"，於是歷代法律，都承認親屬互相隱瞞的權利，禁止互相告訐，頂證；又可以由犯人的子孫，請求代受刑罰，甚至原情赦減。

乙：不可思議，不可思議。——記得孟子的學生桃應，問老師一個處境的難題：如果舜為天子，皋陶做大法官，舜的父親瞽瞍殺了人，怎辦？

甲：是啊，怎辦？身為天子，不能識法毀法；身為大臣，那時又不能懲處天子之父；身為人子，又不能見父之死而不救。——怎辦？

乙：孟子的答案是：皋陶應當依法拘捕，而舜就放棄帝位，帶了父親逃亡。

甲：好，好。忠孝禮法，兼全兼顧。不過，恐怕這也是說比做容易。

乙：也很難想出別的辦法，可以彼此都心安理得。

甲：心安理得，其實就是孝道的根本。感恩報本，以行孝為樂，是高貴人性的一種滿足。

乙：對。這是最高層次的"安而行之"，其次是"利而行之"——行孝對種族的和諧延續，下一代的示範教育，都有好處。如果相信靈魂不滅，有感有知，那麼，生前的孝敬，死後的祭祀，以至打齋建醮、風水堪輿，目的都在討好或者求恕，希望祖先加強蔭佑，減輕責罰。

甲：再加上社會風俗和政府法令，就是第三層次的"勉強而行之"了。你所說的是心理原因，也有社會生產原因。中國長期是大陸農耕社會，為了家族和諧，長期協合，一定要講求以孝道為基礎的道德倫理。

甲：是的，由於心理和社會因素影響，中國傳統的學術思想，宗教哲學，都教忠教孝，儒釋道三教無一例外。

甲：這一切又形成政治因素，歷代王朝君主世襲專制，更要提倡"移孝作忠"，利於自己的統治，千百年的文化傳統，幾十年的薰陶教育，要做亂臣賊子，就會多一點顧慮了。

乙：不過，人性之中的動物成分本來就很強，荀子主張性惡，說"妻子具而孝衰於親"，俗語也有"細時阿媽親，大來老婆親"的講法。

甲：前些時候有段新聞：一個少女聯同男友殺死她父親，因為他反對她的戀愛。

乙：唉，古代的員外女兒只是"後花園贈金"給窮秀才上京考試，那未來岳父幸運多了。

甲：俗語說："仔大仔世界，女大女安排"——讓我也引述《聖經》：人要與妻子結合，離開父母。

乙：離開父母，夫妻另建新家庭，這並不表示不孝敬父母。當然，人性也有軟弱忘本一面，許多人連造物主都悖逆了，何況會老病會死亡的父母呢？

甲：另外，家族本位的農耕社會，現代轉型為小家庭的、流徙的工商社會，這也是孝道陵夷的原因之一。

乙：據專家研究：古代以色列、希臘、羅馬，本來也是父權社會，《聖經》裡面，也有好幾份重要的族譜、家系，只是後來主要因為宗教的緣故，君父之權限制漸多。中國方面，先秦儒學本來是如梁漱溟所謂"互以對方為重"的道德倫理——

甲：對。父慈子孝，兄友弟恭，夫和婦順。君使臣以禮，臣事君以忠。君之視臣如手足，則臣之視君如腹心，一切都是相對的，互動的。

乙：是的，不過可惜人性自私利己，每個人都"本能"地爭取權益，規避責任，結果越有權越要佔便宜，當權得利的人，更要站在自私的立場來制定規條，解釋道德，於是相對的"五常"變成絕對的"三綱"，又沒有超越而至善的獨一真神信仰，所謂"天道遠，人道邇"，無所監臨，無所制約，無所均衡，君父之權就變成絕對權力。

甲：權力引致腐敗，絕對權力引致絕對腐敗。

乙：對極了，可惜能夠講出這句金石良言的，不是高僧大儒，而是西方的基督徒歷史學家！

甲：在西方浪潮激盪之下，儒道佛思想之不足，君父宗法政治的流毒，以孝為宗教而人神不分，鄙俗淺陋等等，都暴露無遺，都嚴重削弱了中國人對孝道的信仰。

乙：是啊，人性、社會、政治、思想因素，又和時代因素相交相織，工商業社會崇新尚變，中西皆然，許多中國人現代又唯西是尚，因為尊崇經驗而孝敬親長這種傳統，就很難維持了。

甲：唉，我們彼此老友兩人，都年近花甲，老不逢時，現在是越對話，越心寒了。

乙：是啊！"養兒防老"這期票，越來越難兌現了；不過，"兒"可以少養，"老"卻不可不防，那又如何是好？我們自問都沒有"拖過阮公"，現在看看就要被人"拖阮爸"了。怎麼辦？怎麼辦？

甲：首先，我們要接受事實：時代變化，許多時是無可如何的；不如把沒用的嗟歎，反效果的咒罵，化為泰然自處，反而有益身心。其次，我剛才說過："仔大仔世界、女大女安排"；古語所謂"不痴不聾，不作阿姑阿翁"，道理何在，不妨再細心思考。

乙：是啊。不通情、不達理的蠻橫老人，就連最孝順純良的兒女，也會不堪痛苦。如果我們能夠回憶自己青少年時代的愛好與作為、能夠體諒、容忍當前的年青一代的種種幼稚之處，困難之處，看不順眼之處，那麼，倚老賣老少一分，有說有笑多一日，這樣，"吾兒"雖然不肖，"老夫"可以不怒。這確是自得其樂的方法。

甲：最重要還是兒女從幼而長，我們為父母者以身作則。《世說新語》德行篇，有一段著名的故事："謝公夫人教兒。問太尉：'那得初不見君教兒？'答曰：'我常自教兒。'"身教重於言教，自尊然後被尊。孟子說："父子之間不責善，責善則離；離則不祥莫大焉"；就因為"夫子教我以正，夫子未出於正也"的緣故。"父慈"已經不一定"子孝"；"父不父"，就自然更容易"子不子"了。

乙：唉，我想起那個家庭。

甲：那個家庭？

乙：那近年前製造很多新聞的粵劇大人物家庭。

甲：有兒有女，不一定就是有福，如果他夫婦能夠正面意義地以身作則，善用財富而栽培子女，又或者當初無兒無女，把家財取諸社會用諸社會，成為名符其實的"慈善伶王"，後果好得多。

乙：可惜他有藝術的聰明，沒有人生的智慧，比起與他同一世代，同樣紅遍藝壇的首席女伶，相續娶之夫，教前妻之子，濟舊交之貧，急社會之義，樣樣幸福，人人敬仰，差別太遠了！

甲：這關乎各人的際遇，更關乎各人的修養。她被稱為"美艷親王"的，沒有進過什麼正規學府，難得的是在唱慣的歌曲、演慣的戲劇裡，學習到文化，陶冶了道德。

乙："世事洞明皆學問，人情練達即文章。"

甲："事父母能竭其力，與朋友交言而有信。雖曰未學，吾必謂之學矣。"

乙：唉，人家又罵我們唱雙簧，鬥丟書袋了。

甲：聖哲的名言，即如《聖經》的金句，多記多想，總是有益。

乙："老吾老以及人之老"，"故人不獨親其親"，推廣孝道，"老者安之"。

甲："幼吾幼以及人之幼"，"不獨子其子"，擴大慈心，"少者懷之"。

乙：是啊，說得真好："幼吾幼以及人之幼"。只愛自己的兒女，是動物的本能；把愛心推及於他人的兒女，是人性的光輝。——請不要說：螞蟻、蜜蜂，早已實行集體養育下一代的共產社會。這些昆蟲行為，沒有道德自覺的成分。而且，一切幼蟲，都只是女皇帝的私有財產。

甲：對。而且，動物的行為，只由於本能，並非像人類的出於理性自覺。

乙：講到這裡，我想起一位女教育家。

甲：誰？

乙：由廣州遷到香港的，一間著名女子中學的校長，她去世

142

了，終生獨身。退休前，有次在校長室閒談。座中有人由衷地讚歎：會客室中，歷屆畢業生的合照，都是她的合家歡；整個文件櫃的校友來鴻，都是她全球兒女的問安信。於是，她又一次滿足而謙和地笑了。那笑容，又慈愛、又安詳；比起蒙娜麗莎的永遠微笑，實在未遑多讓。——人不能個個美麗，更不能永遠年青，但那發自人性光輝的笑容，那更偉大可愛的笑容，我們都可以具有。能夠有這笑容，即使無兒無女，即使子不孝女不賢，又有什麼相干呢？

九、女子無才豈是德

甲：唯女子與小人為難養也！近之則——

乙：住口！喂，想不到你還這樣說。現在是什麼時代了？

甲：現代不是仍然應該讀《論語》嗎？《陽貨》篇孔子說——

乙：孔子又怎樣？孔子的話永遠對嗎？孔子不會說錯話嗎？

甲：你忍耐一些好不好？好一串連珠炮，你似乎比女士們還氣憤呀。

乙：就是要先勸止你，免得人家以為我們的對談內容，對婦女不敬。你知道嗎？婦女能頂半邊天，如果沒有女人，我們——

甲：對。沒有女人，就根本沒有人類了。當然，沒有男人，女人也不能生兒育孫。生物有雄有雌，互相補足，原本是造物美意。

乙：對呀，男的也不能沒有女，女的也不能沒有男。《聖經》說。

甲：不錯，正因為如此，所以兩性的生理心理，都大大不同。因此，彼此的想法做法，常常不一樣；也因此，免不了有誤會、會衝突、會氣憤。男女兩性有合作，也有鬥爭，無休無止。

乙：你不是說孔子受了女人氣，所以說那句話吧？

甲：有什麼稀奇？有那個男人一生不受過女人氣？媽媽啦，姊妹啦，老婆啦，甚至女兒啦。家人以外更不必說了。正如女人一生，也受過不少男人氣嘛。

乙：肯承認可能是孔子氣憤之言也好。為什麼《論語》要收入這句？

甲：可以說要盡量保存真象，更可以說編選《論語》的孔門後學——當然都是男人——同意祖師孔子的見解。至少，同情孔子的感慨。

乙：看來孔子那個時代的社會已經相當重男輕女。習俗移人，聖賢不免。時代的限制，教育與見聞的限制。孔子自少孤貧，早年的教養孔母顏徵在總有功勞，但整本《論語》都沒有提過媽媽，就像孟母三遷，斷機教子，整本《孟子》也是沒有提及。

甲：你有理由這樣想。不過，孔子常和弟子討論孝道，能傳他晚年成熟之學的曾子也以大孝著稱，大概孔子也一定是位孝子吧。《論語》之中孔子也不曾提過自己的爸爸。所以這一點不能證明孔子輕視女性。

乙：《泰伯篇》：周武王說自己臣子能治理天下的有十位，孔子補充說：其中有一名是女人，所以算九位而已。你看：他不是把女性當作二等公民嗎？

甲：唉，真難辯護了。不過，聖人也有錯誤，子貢說得好：君子之過也，如日月之蝕焉。這對孔子的為人和言論價值，恐怕沒有多大影響吧？

乙：作為一個"人"，當然可以原諒，不要把他當做無可非議的神就好了。

甲：把孔子當回一個"人"的話，我想他那句"唯女子與小人為難養也"的話，可以這樣分析。

乙：且看你這位辯護士的能耐。

甲：首先，他把"女子"與"小人"並列對舉而說，可見"女子"並非就是"小人"——甲不是乙，所以才說"甲與乙"，對嗎？

乙：可以這樣說。

甲：其次，這句話的所謂"小人"，並非道德上的卑鄙邪惡之輩，而是社會地位低微，學問見識平常瑣細的小人物，否則，奸險小人，就遠之唯恐不及，下文也就不必說："近之則不遜，遠之則怨"了。

乙：也有道理。《論語》之中，常常提到小人君子，《憲問》著："君子而不仁者，有矣夫！"《陽貨》篇："君子有勇而無義，為亂了"，這些地方的所謂"君子"，當然是指統治階級，否則有德的君子，又怎會"不仁"、"無義"呢？

甲：對了。那個時候，貴族政治漸漸解體，傳統的"君子""小人"之別，也漸漸由"祿位"意義過渡到"德性"意義。不過傳統意義，以祿位有無而分的"君子"、"小人"，在《論語》之中仍然所在多有：《里仁》篇所謂"小人懷土"、"小人懷惠"、"小人喻於利"；《雍也》篇所謂"小人儒"；《顏淵》篇說："小人之德草"；《衛靈公》篇說："小人求諸人"等等，都等於"山野小民"、"升斗小民"的意思。

乙：對。《陽貨》篇所謂"小人學道則易使也"，指的也是平民百姓，由於教育與環境的限制，他們每每瑣細拘謹，不知大體。——不過，把"女子"和這樣的人相提並論，究竟是不夠尊重。

甲：沒有辦法，那時的女人，也是時代、環境與教育的限制，少讀詩書，罕見世面，不能和今日許多才德學識都超卓過人的女性相比。不過，孔子認為女子與小人之所同，只在所謂"難養"，就是說："不容易教養"、"難以相處"——正如一開首我們同意：由於生理心理不同，彼此不容易互相體諒，所以誤會叢生，大家都覺得對方"難以了解"、"難以共處"嗎？

乙：唉，"男人心，海底針"，這是女人說的。"女人脾氣，好像天氣"，這是男人說的。

甲："因誤會而結合，因了解而分離"，這是英國大才子王爾德說的。近年醫學科技電腦化，磁共振、大腦掃描，遺傳因子分析，有許多驚人發現，好幾本據此而大談"男女有別"的英文書，大大暢銷，據說不少人因此覺得：早些明白，夫妻可以吵少許多架。

乙：據說孔子孟子的婚姻都不大愉快。

甲：不大清楚。古人有孟子因為妻子蒸梨不熟而把她休棄的說法，不過也有人替孟子辯解，說是他故意用這個理由出妻，讓她得人同情，容易再嫁。

乙：後來有所謂"七出之條"，除了"盜竊"一條是可大可小之外，不順翁姑啦、無子啦、妒忌啦、口舌啦、淫蕩啦等等，都是丈夫可以片面結束婚姻的所謂理由，最後一條"惡疾"，更是涼薄殘忍，不知什麼叫for better and for worse，又說什麼"士有再娶之義，婦無二適之名"，真是荒唐荒謬，絕不平等。

甲：當然也有所謂"三不出"，前貧後賤、共歷三年之喪的糟糠之妻，都不可棄。中國人在過去犯下的錯誤很多，我也度德量力，不一一做他們的辯護律師了，免得對此富有研究的女學者，例如我的好朋友同在香港一所大學任教的黃嫣梨、劉詠聰兩位博士，引經據典，義正詞溫，把我修理一番。

乙：何止她們會為歷代不幸的姊妹鳴不平？稍有理性的現代人，不分男女，都唾棄那些過時腐朽的謬論。現在大學內外，各業各行，都有許多傑出女性；如果她們不幸生在古代中國，恐怕連識字機會都沒有呢——什麼"女子無才便是德"，呸！

甲：老兄這一口浩然正氣，噴薄而出，小弟真要唾面自乾了。為什麼會有"無才是德"這句話？還有：何謂三從四德？如果我們解釋起來，時間恐怕花費不少，這裡的爛蕃茄、臭雞蛋之類，恐怕也不夠供應。

乙：謬論胡言，人人得而鳴鼓攻之！陳東原《中國婦女生活史》以為這句譚話是出於明末，而始見於清人著作。

甲：劉詠聰教授，中國婦女學的後起之秀，在她的大作《德才色權》裡進一步指出：晚明馮夢龍、陳繼儒等人之書，已有此語。她並且分析：由於"重德輕才"傳統，和"才命相妨"信仰，所以有這句話。我覺得很有見地。

乙：如果劉女史生早一百年，不要說拿博士、做教授，恐怕名字也要改過，要"詠寵"，"詠從"，不許"詠聰"，不許步"詠絮才高"的謝道韞。

甲：謝道韞確是了不起。你看《世說新語》和《晉書》所記，她曾經在小叔清談辯論屈居下風時，助他一把，反敗為勝；又在夫喪家危、盜匪臨門之時，冷靜機智地應付，並且出其不意，手刃賊人，事後又從容大方，折服群寇。梁紅玉、秦良玉，有武無文；李清照、陳端生，有文無武；薛濤、魚玄機，才高而德薄；蔡文姬、蕭觀音，居常而不能應變，惟有謝道韞，真是古今才女第一。

乙：現代的秋瑾也很偉大，不過，各人的時代、環境、教養、品性不同，可以比較，但誰是第一，也很難説了。搞不好就如電台選美，事前謠諑繁興，賽後風波不斷。

甲：電台選美許多時候是對女性的變相侮辱，尤其是那些鄙俗不堪的男主持，問參賽者那些淺薄無聊又往往牽涉淫猥、語帶雙關的所謂考驗智慧的問題，簡直令人作嘔！

乙：喂！你不要以"吐"還"唾"啊！這類東西，常常流於低級趣味，我也同意。不過豪門選媳，影視選星，這也不失為一種途徑，所以也有不少自覺"天生麗質難自棄"的女孩子——

甲：不只女孩子，中年婦人也粉墨登場、大現色相了。

乙："偶現色相"本來是佛家得道高人之語，被你用在這方面，唉！菩薩低眉，也會變為金剛怒目。

甲：子曰：吾未見好德如好色者也。

乙：孔子當年為勢所逼，以禮為重，見了衛君夫人南子，惹來高足子路十分不滿呢！

甲：現代作家林語堂把這故事編成戲劇，據說還引起曲阜群眾不滿，認為不敬聖人哩！

乙：其實南子可能也有政治才能，雖然機會與發展不如武則天、呂后，不過她也沒有武則天和呂后搶權力、殺情敵那般惡毒，比起賈南風，西太后，她更好多了。

甲：不過傳統社會對所謂"婦人干政"總有反感。武王伐紂，聲討他的罪名之一，就是"唯婦言是用"——

乙：許多人都說：克林頓沒有希拉莉，就當不成美國總統。滿有恩賜智慧的所羅門王，多娶了外邦女子，也就不只拜耶和華了。

甲：伊甸園中，是夏娃先受引誘，先吃禁果。唉！男人的賬，總算到女人頭上，恩怨情仇，真是永遠糾纏不清。

乙：恩怨情仇，正是小說、戲劇的好題材，千古不變。

甲：媒介變了，變多了。最初只有詩歌。中國現存最早的詩歌總集，《詩經》之中，公元前七世紀那首"許穆夫人賦《載馳》"，真是有史以來第一才女之作。

乙：有學有德，有才有貌，有膽有識。總而言之，有上天恩賜。

甲：無權無位、學不高、識不廣、但是多情善感，主要的宣洩渠道，便是語言藝術。

乙：《載馳》篇早有名句："女子善懷"，古今中外文學的最主要題材、愛情與親情，特別是兩性之情，往往便是女人的生命。

甲：許多悲歡離合就是由此而出。況且，女性的語言能力，向來平均勝於男子。

乙：不過向來作家以男性居絕大多數，連裁縫、廚師也是男人天下。

甲：這牽涉到教育、職業機會等等問題，事實上千千萬萬家庭之中，教兒童講話、識字，為家人煎煎煮煮、縫縫補補的，幾乎可以說：都是女性。如今，女作家、女服裝設計師，不是越來越多嗎？"×太與你"之類飲食烹飪節目與專欄，不是隨處可見嗎？

乙：要考據一下紂王的"酒池肉林"，是否妲己出的點子。

甲：你不如說"珠履三千"那個中國古代成語，是否預先為菲律賓的馬可斯夫人而設吧。事實上，女性的感官特別敏銳，對佛家所謂"色、聲、香、味、觸"各方面美的東西，愛好特別強，品味特別高。

乙：唉，六根難淨。加上如你剛才所說：講話、唱歌、跳舞的能力又普遍較好。

甲：是呀，你看七、八個月的女嬰，早已開始吱吱喳喳，一歲多的男孩，還是拙口笨舌。

乙：所以"三個女人一個墟"，三個丈夫都沉沉靜靜，跟着太太逛公司、抬盒子。

甲：又輪到你調侃女性了。現代才曝光於世、眾所聲討的許許多多家庭暴力事件，逞凶者幾乎都是臭男子。

乙：小人動手、君子動口。不過，有時女人那張嘴也太厲害，不知道男人惱羞成怒，變了瘋狂的野獸，吃眼前虧的是女人自己。

甲：唉！苦命的朱淑真，就遇人不淑。卓文君、班婕妤、江采蘋，踫到的都是負心男子。

乙：女人專一而不永久，男人永久而不專一。

甲：什麼？這是你多年研究的結果？

乙：不是我說的，是現代名作家徐訐生前的警句。洞達人情，入木三分。

甲：也不要奉為經典，把任性的行為合理化。當然，古代很少女性有徐淑、李清照、管道昇一般，幸遇良善有才的好丈夫，像秋瑾一般的氣魄更絕無僅有。婚姻不如意，情花帶來苦果，就只好嗟命怨運，傷春悲秋，留下動人的詩詞名句。

乙：陰柔婉約，本來就是古典中國文學的主流，歷代許多詩詞巨匠，都是所謂"六十老翁，嬌聲學作婦人語"——

甲：賢人失志之辭，託為怨婦思夫之作。自詩騷以下，往往如此。

乙：所以一旦女性有能力自寫心情，就更真切、更細微動人了。

甲：出色當行，本色佳製。不過古代的女性文學也有限制。作品十居其九是詩詞，也有少數散曲、彈詞，絕少古文傳奇或者長篇白話小說。至於單篇古文或者子史一類述作，更絕無僅有。

乙：韻文創作也在盛行之後才參與，沒有鑿天闢地、既開風氣亦為師的啟蒙氣魄，你看是什麼原因？

甲：首先當然是我們男人不好。自私，妒忌，限制了婦女的生活空間，"三步不出閨門"，那時又沒報紙，沒收音機，沒電視，胸襟隨視野而狹小，眼界因生活而偏窄。

乙：悔過書早已寫好，舊時代早過去了。新時代新發現：女性對聲音、詞藻，原來真的比較敏感，對邏輯推理、抽象思維，原來真的普遍興趣不大。

甲：難怪在女性教育普及、女權高漲的英美等國，女數學家、女哲學家還是很少。

乙：不過即使在西方，男女完全同工同酬，公民權相等，以至教會按立女傳道、女牧師等等，還是近年的事，君不見近年男人的脂粉氣漸漸加重，各行各業都有越來越多

的女性，表現出卓越的領導才華和開創魄力，一本通
書，不能看到老啊！

甲：人類的一半是女人——

乙：唉，不是"男人的一半是女人"。

甲：兩性的相輔相成，從公平競爭而又和平合作中攜手共
進，本來是造物者的美意，不過，人類既有情慾的自
私，也有理性的公義，有史以來中西社會欺壓女性的種
種罪過，連不少男人也大表不滿。

乙：清代大才子袁枚，就不懼物議，晚年大收女弟子。

甲：曹雪芹更在《紅樓夢》中，借男主角賈寶玉之口，痛貶
臭男子是"泥造的濁物"；水造的女孩子，才純淨清
高。

乙：其實男女都有清有濁，可善可惡。"無毒不丈夫"，毒
的是泥；"青竹蛇兒口，黃蜂尾後針，兩般皆不毒——"

甲："最毒婦人心"，毒的是水。前些時候，全世界中文報
紙都登載那個深圳嫖妓、不顧妻兒的壞男人，人人唾
罵；有人卻也提醒大家，那個先把兩個無辜兒子推下高
樓然後自殺的女人，同樣是又惡又蠢、又任性又毒辣！

乙：真是冤孽！不讀書之過！

甲：讀書又怎樣？再前一些有個港大畢業女醫生，和洋丈夫
爭子失敗，先用毒針注射殺死孩兒，然後自殺。

乙：女人就是更容易情感用事、情緒化！

甲：吳三桂"衝冠一怒為紅顏"，斷送了明朝江山，促成了
滿清政權的部族統治，埋下了康雍乾文字獄和晚清"寧
贈外賊，不予家奴"的伏線，斷喪了民族的生機和立憲
革新的機會，誤己誤人，那又怎樣？在希臘各邦聯軍，

借奪回海倫皇后為名，十年征戰，木馬屠城，那筆血債
又算在誰人頭上？

乙：唉，從聖經記載在伊甸園偷吃禁果，雙雙被逐開始，男
女兩性便不斷互相推諉，互相埋怨，而又不能互相愛
慕，互相倚賴。愛恨恩仇，剪不斷理還亂，實在講不清
楚。

甲：洪荒太古之世，不分中外，都有長時期的母系社會，所
以漢字"姓名"的"姓"，是以"女"為部首。所謂"禽
獸知有母不知有父"，人類原始也是如此。後來不知怎
的變成了男性中心。

乙：大抵是男性體力較強，肩負了狩獵、農耕的生產責任，
因此就享佔了較大的權利；而家庭計劃會的設立與設施
又遲了一點，婦女們困於另一種生產，忙於育嬰養兒，
沒辦法出席投票，主席和重要職位，都給臭男子們搶去
了。

甲：不過這兩個因素在母系社會時代已經存在。為什麼會變
成父系？要請教社會學、考古人類學家了。

乙：更要思索天父的旨意，現代教育發達了，情況改變了。

甲：對了，連"天父"的觀念都受到挑戰，Chairman 之類字
眼，也變為 Chairlady，或者中性的 Chairperson 了。

乙：還是中文"主席"好。可男可女，甚至椅子也可以省
掉。"問蒼茫大地，誰主沉浮"。

甲：主權在移交之中，世界輪流轉。

乙：西方世界最近有一些專家研究報告，說女性不只平均壽
命比男人長，母親對兒女的影響，也比父親大。

甲：是的。母親是女人，我們早就知道。

乙：也不要過分嘲笑研究報告。人家有調查，有統計，有數據嘛。民間俗語早就說：“三歲定八十”──

甲：“三歲看到大，七歲看到老。”

乙：對呀，人家就長期分組觀察，按時紀錄，大腦掃描、分析綜合，然後獲得結論，你說他不外把常識用艱深的語言再說一次也好，說他例證的選取、問卷的設計有偏差也好、以客觀精密的研究代替主觀傳統的“自由心證”，究竟不可同日而語。

甲：對，對。我不是輕視科學態度與方法，近人張君勱有一次由批評他的舊朋友錢穆、進而痛論中國學術文化不進的原因，便提到這點。

乙：讓我們回到母親懷抱。當初生命的形成，是父母各出一個細胞，不過，母親所出的已經巨大得多，其後九個多月，母親與嬰兒血脈相連，聲氣相通。

甲：真的痛癢相關，禍福與共。

乙：出生之後的提攜捧負，母親的角色，更是無可比擬。

甲：是的，人的生命一開始，母親便扮演了極其重要的角色。

乙：不要再說“扮演”好不好？兒子是真的，母親也是真的，不是扮演。

甲：現在人都如此說。

乙：這是英文“Play a role”的惡譯！好幾年前我就批評過，可惜人微言輕，“扮演”之風越來越烈。岳飛“扮演”民族英雄的角色嗎？他是以生命來精忠報國。耶穌基督“扮演”救世主的角色嗎？他是熱愛世界，道成肉身以拯救世人。

155

甲：好，好，不"扮演"了，改說"擔當"某某角色吧，母親擔當的角色，無可比擬。

乙：當然。遺傳因子的組合，體質性格的形成，母親的影響大得多。古老人說："一代好媳婦，代代好兒孫"。真有道理。

甲：西人也說："搖動搖籃的手，搖動着世界。"

乙：中西善良的婦女，長期受歧視，受壓抑，仍然克勤克儉，任勞任怨，相夫教子，作育人才，傳播文明，推廣教化——

甲：找位作曲家替你譜成"婦女讚歌"，怎樣？

乙：你能否認任何一句嗎？

甲：不敢，不敢。太太會罵我，女兒會看輕我。看見媽媽慈愛的遺像，我會難過。沒有她當年的教養，沒有今天的我。

乙：大孝終身慕父母，兒子尤其戀慕母親。說也奇怪，兒子的長相，往往更像母親，而個性越強，事業成就越大的傑出人物，更往往對母親有特別的懷念。

甲：當代中國幾位政治上、文學上的大名人，都可以做你的例子。所以舊日中國，雖說重男輕女，不過對婚姻之禮還是十分重視。

乙：合二姓之好，三書六禮。

甲：中華文化的家族為重心，不同的家族，透過婚姻，直接間接構成一個互聯大網。

乙：Internet。

甲：對，這個互聯大網，維繫整個社會，就是所謂"宗法"。

乙：理想是好。不過舊方法不能解決新問題，即如現代連婚姻制度都飽受衝擊，不要說很少人再知道什麼是隆重其事的"三書六禮"。

甲：是啊。男方首先提親，要送禮物，所謂"禮行奠雁"——放下一頭古代容易射得的大雁，表示像雁，秋去春回一般有信用，而且一生對配偶忠貞不渝，這叫做"納采"。

乙："問世間情是何物"這名句，便出於元遺山的詠雁名句。可惜雁這麼好，人漸漸把牠打得稀少了，就用雞鵝鴨三鳥。女方同意了，男方就正式具備禮書，查詢女子的出生資料，就是日期和世系。

甲：這是要清楚雙方並沒有密切的血緣，和遺傳良好。謂之"問名"。這是"一書"。

乙：資料齊了，卜問祖先神靈，如果是去，便繼續進行，謂之"納吉"。

甲：看來婚姻總有賭博成分，難怪要求神問鬼。

乙：跟着要送信物，伴以禮書，正式訂立婚約，即所謂"納徵"，"徵"就是"證"的意思。這是"二書"。

甲：要迎娶了，又須具備禮物，連同文書，告女家以日子，謂之"請期"，這是"三書"。女方受禮，便是同意，否則須要改期。

乙：日子到了，子承父命親到女家，女子的父親拜迎於門，帶他登女家之廟，禮拜一番，然後迎載新婦歸往男家，好事就此完成。

甲：以後是否繼續好下去，就看各人的做法和造化了。比起原始時代的掠奪婚、買賣婚，實在是文化的一大進步。

乙：當然，當然。現在的伴郎、案兄弟，比掠奪婚姻時代的男方"打手"、"幫兇"，文明多了。

甲：女家的姊妹起哄，"訛詐"新郎的開門利是，開天殺價，落地還錢，總以長長久久，生生發發的諧音數目"成交"，又有"買賣式"的餘韻。

乙：我總覺得西方基督教式不錯，岳父把辛苦養大的女兒帶到壇前，交託給竚立等待的新郎，然後由牧職人員教勉一番，觀禮親友，同頌主恩，何等莊重，何等神聖。當然，中國舊日的三書六禮，也非常隆重。

甲：可惜迎娶過來，就要講"三從四德"。

乙：四德還可以，起居儀節，動靜分寸；談吐文雅，為人設想；清潔整齊，服飾合度；專業技能，能織能煮。這些不論時代，不分地域，總是美德，"三從"就是奴性的封建禮教了。

甲："禮教"本來是人性的優良表現，人的邪情私慾把它變成了"吃人的禮教"，所謂"在家從父，出嫁從夫，夫死從子"，即如所謂"父為子綱，夫為妻綱，君為臣綱"的"三綱"之說，都是法家的鬼魂，佔用了儒家的軀殼。片面的、絕對的奴隸道德！

乙：到了今日，我們仍然可以講"三從"。

甲：什麼？什麼？你不是有點發燒吧？

乙：不。是從主動語氣變為被動語氣——不是"服從"的"三從"，而是"被跟從"的三從。無論在家、已婚、年老三個階段，婦女都可以起領導作用。

甲：對於"四德"，你一定又有新解釋。

乙：剛才已經說過："德、言、容、工"四方面，無論古今，不分男女，都要有修養。中國歷代最傑出的女性，譬如《詩經》裡面的許穆夫人，才貌雙全，又能做詩，又能救國。又如孟母三遷，斷機教子，教出大聖人孟子。漢代的淳于緹縈，因救父而促使廢除肉刑。班婕妤、班昭，知書識禮，顧全大體。蔡文姬多才多藝，謝道韞高才卓識，膽略過人。武則天是心狠手辣一些，不過治國的胸襟與才華，又遠在許多男性帝王之上。

甲：對呀。學問道德文章都光輝萬代的歐陽修、蘇軾，都有一位悉心栽培兒子的偉大母親。韓愈雖然早就沒有了母親，長嫂鄭氏持家有方，她的大文豪小叔以後終生銘感。李清照、管道昇、柳如是、顧太清，高才與摯愛，令她們的丈夫永遠成為男人羨慕的對象。

乙：軍事方面，梁紅玉、秦良玉，在抵抗侵略、保家衛國方面，是光輝不滅的雙璧，落實了自古以來無數"花木蘭"的具體形象。

甲：這位北朝民間女英雄，前些時候還被世界級電影公司拍為卡通，添枝插葉，繪影繪聲，風行全球呢！

乙：談到民間文學，必然要提到清代陳端生的《再生緣》，大學者陳寅恪也大加研究。

甲：讀近代史的也不會忽略太平天國的女狀元傅善祥和女英雄洪宣嬌。

乙：再近一些，蘇繡名手沈壽、革命英烈秋瑾，或柔或剛，都表現了過人的才華與志節。

甲：現代教育普及，風氣開放，有德有才的中國婦女，大展身手的機會比以前幾千年好得多了。不論中國婦女史、中國文化史，從此都展開新頁。

乙：才德的婦人，誰能得着呢？她的價值遠勝過珍珠。艷麗
　　是虛假的，美容是虛浮的，惟獨敬畏真神的婦女，必得
　　稱讚。——讓我又一次引用《箴言書》的金句。

十、文化情辭賞對聯

甲：中華文化無處不在，從抽象到具體，由物質到精神，什
麼都有。

乙：對。不過，你不是又學那些前輩先生，在中文系開學之
初，又發一番勵志的偉論吧。

甲：不敢。我只想問你，在文字上，介紹中國文化最經濟有
效的形式是什麼？

乙：對聯。

甲：為什麼？

乙：形式上，對聯是中文特有的藝術體裁。運用上，對聯可
作實際應酬，也可作文學寫作。內容上，對聯可以關涉
所有生活層面，表現文化精神——傳統之儒道佛三家思
想，以至現代的基督教信仰。

甲：簡要，簡要。或者我們先討論：為什麼中文可以精於對
偶。

乙：中國通行的語言，屬於"漢藏語系"，有"單音綴"、"孤
立"、"有聲調"的幾個特質，而藉以紀錄的工具——漢
字，又是形音義合於一個個獨立而又可以靈活調動的方
塊體，所以能夠做成精密嚴格的對偶，於是就有"對
聯"、"律詩"、"駢文"等特別的藝術形式。

甲：所謂"單音綴"，就是每一個最小的語言單位（"語素"，morpheme）一般只有一個音綴（syllable——最小的語音單位），譬如："聖"是單音綴（英文Holy就雙音綴了），"靈"也是單音綴（英文 Spirit 就三音綴了）。

乙：所謂"孤立"，就是每一個詞包含一個完整概念，不顯示與其他詞的關係，也不受其他詞的制約，所以，英文 do did done 不同，go went gone 有別，中文則一"幹"到底，一"走"了之，不理他"過去"抑或"未來"，"他"做還是"我"做。又譬如，譯音的"基督"、動詞的"教訓督責使人歸正"（《提後3:16》）。名詞的"總督欽差巡撫"（《但3:2》），都是那個同一形體的"督"字。中文字詞的性格，因此每每可以隨句中位置而變動。紅男"綠"女、慘"綠"愁紅、春風又"綠"江南岸，都是一個"綠"字。

甲：所謂"聲調"，就是聲音隨時間而變化的久暫起伏升降狀態。譬如粵語來說：同樣是"S"的發音，同樣是"ing"的韻，明"星"和"成"了的"星、成"兩字，是平穩而又顯然有高有低，"醒"覺的醒，就有上揚之勢，"勝"過和豐"盛"的"勝、盛"兩字，又都有緩緩下坡之感，而彼此又略分高低，這就是聲調了。中古漢語，有"平、上、去、入"之別——這四個字正好表示不同的態勢。現代粵語平、上、去各有高低，入聲分高、中、低，合共九個；與閩南語（例如潮語）同屬保存古音最多，而聲調最豐富的方言。國語（普通話），分為四個聲調，但是沒有了短促的入聲。歷代寫作文言詩詞，都依中古四聲，其中平聲以外的上、去、入三聲都稱為"仄"──即是"側"字，就是"不平"的意思。一句之中，重要的節奏位置平仄相間(例如七字句中第二、四、六三字)，單數句與雙數句相同位置的平仄相對(例如第一句仄仄平平平仄仄，第二句平平仄仄仄平平)，都可以造成抑揚鏗鏘、吞吐收放的音樂美感。

乙：如果由我來解釋，恐怕也不能夠更詳細而又扼要明白了。

當然，中文用方塊字作為形音義的綜合體而不用長短參差的字母拼串，所以也可以字字相對相偶。中文的字與字、詞與詞、片語與片語、句子與句子、甚至段與段，因此都可以在"聲調"方面平仄相對，在"意義"方面詞性相同而內涵相對或者相反，在"形體"方面大小、位置完全一致(有時甚至偏旁部首也可以成對成雙)──這在日常使用的字、詞、語句、成語，例子極多──可說俯拾即是，我先舉一些"平仄"的例子：

男女　夫婦　雌雄　龍鳳　陰陽　天地　桃李　松柏
褒貶　兄弟　枝葉　蜂蝶　安危　貧富

甲：好在最後舉例是先貧後富，否則敏感的人會指摘：為什麼都是平聲的，在先的字居優勢，仄聲在後的字地位較低了，我舉一些"仄平"的例子：

鳳凰　弟兄　始終　吉凶　屈伸　是非

乙：我舉一些"平平仄仄"的四字成語：

山光水色　雞鳴犬吠　瓊樓玉宇　桃紅柳綠　天長地久
　神憎鬼厭　高山流水　春風化雨　披荊斬棘　蛇頭鼠眼

甲：唉，以雅始，以俗終，看我的"仄仄平平"：

鳥語花香　劍膽琴心　白髮紅顏　送往迎來　畫棟雕樑

鬼斧神工　虎嘯龍吟　豕突狼奔

乙：老兄何嘗不是以美始，以醜終？我們真不如清初李漁的
《笠翁韻對》，依平聲韻目，編成幾十組對偶的字詞，譬
如第二組：

河對漢，綠對紅，雨伯對雷公。煙樓對雪洞，月
殿對天宮。雲靉靆，日曈曨。蠟屐對漁篷。過天星似
箭，吐魄月如弓。驛旅客逢梅子雨，池亭人抱藕花
風。茅店村前，皓月墜林難唱韻；板橋路上，青霜鎖
道馬行蹤。

甲：好！從單字對到複句對，什麼都有，這是以前文人寫作
的基本功。又如從前"童而習之"的《千字文》：

天地玄黃，宇宙洪荒。日月盈昃，辰宿列張。寒
來暑往，秋收冬藏……雲騰致雨，露結為霜。……海
鹹河淡，鱗潛羽翔……女慕貞潔，男效才良。知過必
改，得能莫忘。罔談彼短，靡恃己長……

乙：也好！由宇宙知識到人生修養，濃縮在一篇在古代來說
深淺適中的文章之中，而大部分兩兩對偶，鏗鏘工整，
令人讀之而生愛慕喜悅之心——什麼時候也有精於中文
的虔誠信徒，寫一篇現代的《福音千字文》呢？

甲：時代不同了。現在許多華裔基督徒似乎都安於自己的信
仰被視為"洋教"，而不知文化的承擔與自省。從前不
是這樣。一千二百多年前建立的"大秦景教流行中國碑"
（唐德宗建中元年，公元七八一），是基督教傳入中國的
最早的金石文字，就是一篇十分典雅的駢文。因為時代
的因素，中間雜有不少佛教與道家的用語，不過宣揚的
仍然是基督教義。

乙：以前二千多年，許多為莊重堂皇的主題場合寫作的文章，通篇都用對偶，你所說的"景教碑"第一句就是駢體：

常然真寂，先先而無元；窅然靈虛，後後而妙有。

"常然真寂"──上帝永恆存在，其實，除祂以外別無他神。"先先而無元"──祂在萬有之先，沒有起始，"窅然靈虛"──上帝的靈像風，隨意而吹，充滿了宇宙，卻不是任何受造者所能捉摸，"後後而妙有"──宇宙一切毀去，神卻永遠存在。

甲：老兄可以跑去神學院教中文了。不過你的學生當了牧師，卻不一定請你這位先生到禮拜堂講道：因為駢文太深了，一般信眾不曉得你說什麼。

乙：其實聖經不論原文、譯文，都有許多駢偶排比之句，詩篇一二七：

若不是耶和華建造房屋，建造的人就枉然努力；
若不是耶和華保守城地，看守的人就枉然儆醒。

甲：我也聽過《以塞亞書》四十二章三節：

壓傷的蘆葦，他不折斷；將殘的燈火，他不吹滅。

平仄對仗，不那麼着意，不過意思卻極令人感動。

乙：當然，比起《文心雕龍·原道篇》的"雲霞雕色，有喻盡工之妙；草木賁華，無待錦匠之奇"。《詩篇·十九》的"諸天述說神的榮耀，穹蒼傳揚他的手段"──有人改譯"手段"為"作為"──可能不夠華麗，不過淺白樸素一點，就更能感動大眾，最長的《詩篇·一一九》

165

全文依希伯來字母而廿二段，每段八節每句都用該段次序的某一字母為首，而且八句兩兩對偶，如果有高手譯為駢文，一定令只懂中文的華裔文士不敢再輕視別人，一定令他們有些人反省：人的藝術智慧，從何而有。

甲：不管如何，"三寸氣在千般用，一旦無常萬事休"；一死，什麼藝巧，什麼文才，都沒有了。香港跑馬地天主教墳場那副大門石刻對聯：

今夕吾軀歸故土
他朝君體也相同

真可怕，那一帶向來很荒寂。風雨的黑夜，配合這副對聯，真可以拍恐怖片了。

乙：我向來說：這是一副壞對聯。對聯之劣，不在上下聯後三字對偶不工，不在揭示死亡，而在帶不出基督福音的信息。

"現在我死了，不久，你也如此。"

——那又怎樣？歸向道家的虛無頹廢嗎？信仰佛教的捨離寂滅嗎？抑或什麼都不信，更瘋狂地"有酒今朝醉"呢？都可以。就是沒有從死亡中看到永生，從悲哀中看到喜樂的，基督教的信息。

甲：另外有好的嗎？

乙：要看另外一個墳場，另外一副對聯。

天詔頒來，咸返其本；靈魂歸去，長依厥親。

實在好！復活在神，生命也在神。播種的是上帝，收取的也是上帝，耶和華的名，始終應該稱頌。倘若出於祂的旨意，我們就順服。從泥土生的，復歸於泥土；從靈來的，復歸於靈，因信稱義，因耶穌基督作中保，從

166

此永遠在天父身邊。

甲：這是基督徒的信念與立場，這副對聯，也只有基督教才適用。恰如其分，所以好。

乙：好對聯放在好地點。墳場，見證死亡；基督教，尋求永生。凡有眼看的就當看。那個地點，正是交通孔道，許多人往來於鄰近的瑪利醫院。每次都看到，或者一次會想想。耶穌叩敲心扉的聲音，就聽到了。

甲：而且，對聯，是如此親切的中國文學，中國藝術。

乙：可惜有些人可能並不這樣想。或者，不懂得這樣想。而且，旁邊的小佛寺也是中式牌坊，也有對聯題字。於是，一改為西式建築，對聯就沒有了。

甲：難怪許多人說：佛教，才是我們中國人的宗教，信耶穌的是拜洋教。

乙：真痛心，真可惜。許多教會領袖，根本不懂中國文化。

甲：也不盡然，有位在印尼辛苦傳了幾十年道，對東南亞華人信仰很有研究的陳潤棠牧師，就在一份重要的基督教刊物上面說過：

佛教東來後能在中國生根滋長，主要是一千多年來，其教義思想早已溶入中華文化與文學中。例如《西遊記》，《紅樓夢》除了故事情節動人外，其中的每一首詩詞或對聯，皆相當引人入勝。此外，無論哪一所廟宇寺院，前院正殿、側間和後門，琳瑯滿目盡都是楹聯匾額，藉以佛法佛理深植知識分子的腦海，無形中亦深入人民心田。

基督教擬將福音廣傳，可惜這方面的文字事工一向卻不被重視或疏忽，使人深感可惜。盼望藉此拋磚引玉，大家多用福音對聯共同表彰上帝聖恩大愛，潛移默化，把福音真道植入人心與華人文化之中。

乙：我也搜羅、改寫、新作了一些在於基督教義、字句盡量取自《聖經》的對聯，或者可以作為中國文化的新點滴吧，請你看看其中幾副：

四字對：神人妙合──物我同春

五字對：主愛乾坤厚──神恩雨露新

七字對：得感聖靈消舊染──因聆天道悔前非

　　　　慕聖道如饑如渴──敬真主以誠以靈

　　　　庭前草綠窺神意──野地花開悟主恩

甲：意趣不錯，七字是最常見的形式，有長一點的嗎？

乙：有。九字對：神子降塵寰，滌垢除惡──信徒沾福澤，出死入生。

　　十字對，美德常存，有信有望有愛──真神當拜，聖父聖子聖靈。

甲：你自己到今最得意之作，是那一副？

乙：也不敢說怎樣得意，學習學習，請大家指教吧。

　　嵌字贈賀播道會澳洲新堂落成的：

　　　　播育齊功，落好土而收良實

　　　　道神同在，成肉身的救世人

　　嵌字贈賀活道浸信會堂：

　　　　活神真神，常念一浸一信

　　　　道在愛在，同來此會此堂

甲：不錯，不錯。──中國語文為什麼這樣奇妙？基督徒一定歸榮耀於上帝。

乙：對。"上帝"這個詞最早見於《詩經》、《書經》，不過意義似乎比以色列人寬鬆，許多時候，又渾稱之為"天"，或者"自然"。

甲：語言文字的對偶排比，應該也是出於自然。

乙：對。以《文心雕龍》為代表的中國傳統文學評論，就是這個看法。

甲：《文心雕龍》了不起，全本都用駢文寫成。文字華麗，聲律鏗鏘，唸起來真美，而且理論精警。

乙：他第一篇《原道》，論藝術美的本質與起源，說：

> 太陽和月亮，附貼在天空；山岳與河流，交織着大地。雲霞炫耀着燦爛的華彩，超過了畫匠的妙心；草木散發着生命的光輝，不必要織工的巧手。清風吹過樹林，調和得像簫管與琴瑟；泉水激盪山石，諧美得像鐘鼓和玉磬……

真是動人。

甲：下篇有一篇《麗辭》，論對偶的起源和美感也很精到：

> 造物主賦給萬物的形軀，肢體都是成雙成對；自然神理的運用，也不會全然孤立。所以，隨着人類心思的千變萬化，高低左右，前後抑揚，也就很自然地成為對偶了。

乙：上述兩段，本來是極整齊的駢體文言，我們把它翻成白話，還是看到排偶的體勢。原來人類心理，天賦而有"聯想"、"類推"的能力，形諸語言文字，就有一正一反、一主一從、一虛一實、一開一合、一收一送……等等對稱、均衡、比較的藝術。古代拉丁諺語：

ART LONGA, VITA BREVIS

（工作長久，人生短暫——粵語所謂"工夫長過命"），

169

就是如此。

甲：莎翁名劇凱撒大帝（Julius Caesar）第三幕第一場布魯達斯（Brutus）行刺之後對群眾的演說，整篇是排偶的文字。——所謂"排偶"，包括"排比"與"對偶"兩大類。兩句以上，意思平行，而字數不一定相等的，稱為排比。完全沒有排比的語言文字，相信世上沒有吧。至於兩個或者兩組句子，字數一樣，意思相對，聲音又抑揚高下、相反相襯的，在中文就比較容易做到。

乙：《禮記·禮運》篇論"大同"與"小康"那一段"大道之行也，天下為公，選賢與能，講信修睦，故人不獨親其親，不獨子其子……"理想高，氣勢暢，文字又前後兩節整齊對照排比，真是盡善盡美！

甲：其實群經諸子裡面，零散的對偶句子不少，最值得注意的是《老子》與《周易》。《老子》一開首"道可道非常道，名可名非常名，無名天地之始，有名萬物之母"，就是駢偶氣勢，跟着說"有無相生，難易和成，長短相較，高下相傾，音聲相和，前後相隨"，從文字形式到理論內容，都顯示一個現代人的流行說的"二元對立"（Binary Opposition）的理念。

乙：荀子書裡也很多。駢文家奉為百代辭章之祖的《周易·乾文言》全篇是對偶氣勢，《易繫辭》一開首："天尊地卑，乾坤定矣；卑高以陳，貴賤位矣；動靜有常，剛柔斷矣。方以類聚，物以群分，吉凶生矣。在天成象，在地成形，變化見矣……"那排偶氣勢也是不得了。

甲：再說下去，我們要談"中國駢文史"了。《周易》、《老子》，都是中國傳統智慧的經典之作，影響深遠，又加上我們一開頭分析過的：漢語孤立、單音綴，有聲調的特質，方塊字可以個別相對的方便——

乙：所以，對聯和駢文，律詩，都只是中文才有。

甲：其實這三種文體的最主要性質，也就是它們的共同特點，就是對偶。律詩中間的四句兩聯，駢文裡面的主要句式，都是對句，把對句獨立出來，有時稱為調整一下，讓他上句收仄，下句收平，就是對聯了。

乙：對聯七言、五言、四言單句，或者隨意組合的複句，從幾個字到幾十、幾百字（甚至更長）都可以。可以放在園林、殿宇、大門、側戶、廳堂、書齋；可以用於慶賀、獎勉、慰唁；可以自己抒情、述志……總之，雅俗共賞，無施不可；白話文言，悉隨作意，既富對稱均衡整齊之美，又最能表現中國語文的特色，實在是造物主對懂中文的人一種藝術的恩賜。

乙：談對聯的作法與欣賞的書，坊間多的是，或者我們極簡括地整理一下剛才所說。

甲：對聯是中國特有的文藝形式。內容方面：由於人有聯想類推的意念，對稱均衡的美感，和中國式的"二元對立"哲學理念，所以有對聯。外形方面：漢語孤立、單音綴，有聲調；漢字獨體、單音、有涵義，可以字字相對，所以有對聯。

乙：對聯用途廣泛，篇幅精簡，深淺隨意，可以欣賞對偶之美，可以了解語文，可以明白中國哲學。

甲：因此，要了解中國文化，對聯的研究，可以說既經濟，又有趣。

乙：先談語文特色，那副對聯最有趣：

> 雲，朝朝，朝朝朝，朝朝朝散；
>
> 潮，長長，長長長，長長長消！

上下聯第三、六、八位置的"朝"字讀"上朝""朝見"的朝，"長"讀潮水漲退的"漲"，破音異義，相對而意趣無窮。

甲：據說作者是南宋的王十朋，確是狀元才學。有別不知名作者的也很好：

> 寺左言詩：明月照僧歸古寺；
>
> 林下示禁：斧斤以時入山林。

乙：迴環拆字，分合對比，巧妙巧妙！上聯像幅素淡清幽的國畫，下聯是現代環保團體，活用孟子名句以顯示"綠色力量"了。近代廣東名儒何淡如的雅俗相對聯，更令人噴飯：

> 四面雲山誰作主？一頭霧水不知宗。
>
> 無酒安能邀月飲？有錢最好食雲吞！

甲：對。不過也可以深深思考。

乙：藝術形式內裡，最重要是有情感可以共鳴，有哲理值得思考。中國傳統文化既然以儒學為宗，表現"知命守義"精神的對聯一定不少。

甲：當然當然。明朝政治黑暗——

乙：唉，明暗對比。

甲：是啊。在充滿矛盾的時代社會，還是有正氣凜然、熱情不死的大學生，自勵自勉：

> 風聲、雨聲、讀書聲，聲聲入耳；
>
> 家事、國事、天下事，事事關心！

172

乙：顧憲成的名作，值得每個青年人掛在書齋。

甲：現代社會政治，比明朝光明多了。我最喜歡從前中文大學蘇文擢先生的"西貢民政署"嵌字春聯：

　　　西有就，東有成，民樂春回安樂國；

　　　貢群才，獻群力，政平人享太平年。

乙：東成西就，群策群力，自然而雅正，真是大家手筆。可惜蘇公已歸道山，如果以他雄健的書法，多寫些他自撰或者傳誦已久的儒家格言對聯，一定為世所珍。

甲：是啊。例如：

　　　胸蟠子美千間廈——氣壓元龍百尺樓

　　　讀書心細絲抽繭——鍊句功深石補天

乙：又如：

　　　韓子文皆自己出——溫公事可對人言

　　　公則生明，誠能撫眾——和而有節，立可與權

甲：有一副"家訓"對聯，我印象很深。

　　　惟孝友乃可傳家；兄弟休戚相關，

　　　則外侮何由而入？

　　　捨詩書無以啟後；子孫見聞止此，

　　　雖中材不至為非。

乙："止此"是太謹慎了點，"中材不至為非"是務實而又有點無奈。"兄弟"云云，《左傳》開始和《聖經》裡阿當兒子的故事，已經無奈地暗示了骨肉相殘的隱憂。

甲：人生真是充滿無奈。晚清名臣沈葆楨那副台南鄭成功廟聯，更表現了人生最深沉的無奈與最高尚的情操：

　　　開千古得未曾有之奇，洪荒留此山川，作遺民世界；

極一生無可如何之遇，缺憾還諸天地，是創格完人！

乙：鄭成功母親是日本人，父親是海盜兼大漢奸，自己卻投筆從戎，據台灣以抗滿清，不甘做異族奴隸。那時滿洲人還算異族，同化了三百年之後今天當然不算了，我們不能用現代情況，說當年的鄭成功不是民族英雄。

甲：可惜當時滿清方盛，在位的又是年青登位、清朝最英明的皇帝康熙，高壓懷柔並用，內地的漢人大作服服貼貼，三藩先後平定。鄭成功自己壽命不長，兒子鄭經又庸懦無能，家事紛擾，異母的兒子又內鬥，雖有相臣陳永華，而又沒有諸葛亮、朝內無人可以牽制讒毀的方便，叛將施琅看準機會反戈一擊，明鄭就亡了。

乙：這就是所謂"極一生無可如何之遇"了。《禮記‧中庸》說得好："天地之大也，人猶有所憾"；人生，永遠都有缺憾，永遠都不圓滿。

甲：盡人事以安天命，不圓滿也就是圓滿了。

乙：盡本分以安天理，無名英雄——更準確點：無名英雄，也仍然是英雄。

甲：你是說成功人物背後那一位偉大女性？

乙：為什麼只有一位？為什麼只在背後？

甲：反了！反了！生乎今之世，你想恢復一夫多妻嗎？

乙：慢點，慢點，少安毋躁。成功人物不一定是男性。成功男性的母親、姊妹、甚至女兒，都可能有功。怎見得一定只是妻子？牽着手不可以嗎？帶在頭不可以嗎？為什麼只在背後？

甲：算了，算了，你究竟想說誰？

乙：關公——

甲：又是關公？

乙：——的太太。關太。

甲：她姓甚名誰？

乙：不知道。

甲：什麼時候生？那裡人氏？活了幾歲。

乙：也不知道——且看這副對聯：

> 生何氏，沒何年，蓋弗可考矣；
>
> 夫盡忠，子盡孝，可不謂賢乎？

甲：好！好！關羽關平，同日殉難，作為他們妻子、母親的那位關夫人；平時的相夫教子，臨事的傷心及節烈，還用多說嗎？幾乎全無資料，而鋪排出如許議論，真是聖手！——作者是誰？

乙：慚愧，不知道。只知道這是關羽夫人廟聯。

甲：如果把關公等等三國名人的有關對聯輯在一起，看看大家怎樣言論、怎樣下筆，真是有趣。

乙：恐怕除了表揚忠烈、嘲斥奸惡之外，多是嗟歎盛衰，發抒感慨。

甲：滾滾長江逝水，浪花淘盡英雄，是非成敗轉頭空。江山依舊在，幾度夕陽紅。

乙：從坡翁的赤壁懷古，馬致遠的秋思，到這首楊慎的臨江仙，都是寫這種感慨。

甲：清初孔尚任名劇《桃花扇》末齣《餘韻》，也有這樣的一段曲文。總之漁樵話興亡，以無邊風月，觀照無常人世，文學家就有無限靈感。

乙：同樣是清初，孫髯翁那副昆明滇池大觀樓的長聯，真是古來絕唱。熟讀它，朗誦它，你會慶幸自己懂得中文，能夠欣賞文學——當然，粵語九個聲調，朗誦起來，更是如此鏗鏘抑揚，富有音樂的美感。

甲：五百里滇池，奔來眼底。披襟岸幘，喜茫茫空闊無邊。看：東驤神駿、西翥靈儀、北走蜿蜒、南翔縞素；高人韻士，何妨選勝登臨？趁蟹嶼螺洲，梳裹就風鬟霧鬢；更蘋天葦地，點綴些翠羽丹霞。莫孤負：四圍香稻、萬頃晴沙、九夏芙蓉、三春楊柳。

乙：數千年往事，注到心頭。把酒凌虛，歎滾滾英雄誰在？想：漢習樓船、唐標鐵柱、宋揮玉斧、元跨革囊；偉烈豐功，費盡移山心力！儘珠簾畫棟，捲不及暮雨朝雲；便斷碣殘碑，都付與蒼煙落照。只贏得：幾杵疏鐘、半江漁火，兩行秋雁、一枕清霜！

甲：它不是最長，但是迄今為止，公認最好。由景生情，鎔情入景；描寫細膩，感慨深遠，對偶工巧，用典適切，聲調諧協，活用"平開仄合，仄放平收"之律，輔以轉接領字，流暢自然，上下聯中間又往往各自為對，實在不愧典範之作。

乙：當然你也可以不那麼喜歡：如果你認為"道家"式的感傷頹廢，終究是一種病態的話。

甲：有什麼辦法呢？藝術往往產生於苦悶，而舊日的政治、社會，根本就滿是病態。不懂投資、不甘投機、而又不想投湖的落魄文人，除了如此宣洩之外，還能做什麼呢？

乙：惟有不論順境逆境，都逍遙觀賞，重投大自然的懷抱。

甲：這就是道家精神了，道家最成就中國藝術，對聯之中，也有許多是滿有自然之趣。

乙：對呀。人要儒家的勵志，但更要道家的閒適，譬如晚清儒學名臣曾國藩，這位對聯聖手，也有名作題四川桂湖楊慎舊館：

　　　　五千里秦樹蜀山，我原過客；

　　　　一萬頃荷花秋水，中有詩人。

甲：他的夥伴，湘軍名將彭玉麟，能畫能詩，也有題玄武湖對聯：

　　　　大地少閒人；誰能作風月佳賓、湖山賢主？

　　　　前朝多故蹟；我愛此荷花世界、鷗鳥家鄉。

乙：據說他少年戀愛表妹梅姑，可惜不能共諧連理，於是終生不娶，也不作清朝正式的官，只以寫梅花畫、吟梅花詩為樂，真是多情種子。

甲：難怪李鴻章輓祭他：

　　　　不榮官爵，不樂家室，百戰功高，此身終以江湖老；

　　　　無忝史書，無慚廟食，餘事猶能詩畫傳。

　　舊社會的君子儒將，也有許多後人不可及處。

乙：他那副西湖平湖秋月的聯，也不可及：

　　　　憑闌看雲影波光，最好是紅蓼花疏、白蘋秋老；

　　　　把酒對瓊樓玉宇，莫孤負天心月到、水面風來。

甲：真是如詩如畫。——"三絕詩書畫——一官歸去來"。鄭板橋的以聯寫自己胸襟也很不錯。

乙："三口×××"這類句式，出句不難，對句十分不易。

甲：是呀。下聯第一個字不能再是"三"，而下面又只能列出三件東西。

乙：據說當年西夏使者要表示自己國家也有文化，便出個
"三才天地人"的句，要宋朝大臣對對，幸虧又是敏穎多
才的蘇東坡，把這難題解決。

甲：怎解決？

乙："四詩風雅頌"——古人以"國風"、"小雅"、"大
雅"、"頌"為詩經的"四始"。

甲："詩"與"才"，"雅"與"地"，都是同聲相對，平
仄有點問題，"風雅頌""天地人"的傳統次序，又難以
改變，傳聞的東西，或者我們再查考一下吧。

乙：有時也難以確考，賞心遣興一番算了，你剛才提起的鄭
板橋，有一副"六十自壽"聯，就是以道家精神自遣：

　　常如作客，何問康寧？但使囊有餘錢、甕有餘
釀、釜有餘糧；取數頁賞心舊紙，放浪吟哦，興要
闊、皮要頑、五官靈動勝千官，過到六旬猶少；

　　定欲成仙，空生煩惱。只令耳無俗聲、眼無俗
物、胸無俗事；將幾枝隨意新花，縱橫穿插，睡得
遲、起得早、一日清閒似兩日，算來百歲已多！

甲：舊日許多地方荒山野嶺的交通孔道，都有一些賣茶酒小
食的攤亭，就像現代郊外路旁的加油站、休息處，往往
有這麼一副長聯，文字大同小異，作者已不可考了：

　　今日之東，明日之西；青山疊疊，綠水茫茫。走
難遍楚峽秦關，填難滿心潭慾海。智兮曹操，力兮項
羽，赤壁烏江空煩惱！忙什麼？請君暫坐片時，說幾
句古典今文，得安閒處且安閒，留些精神還自己。

　　這條路來，那條路去；驛站迢迢，風塵擾擾。帶
不去白璧黃金，留不住朱顏黑鬢。富若石崇、貴若楊

素，綠珠紅拂皆成夢！慳怎的？勸爾放下數錢，沽半
壺猜三度兩，可快活時須快活，讓些名利與他人。

乙：他是公然開賭了。

甲：山高皇帝遠，何況，歷代王朝相繼也不過是超級大賭徒
輪着坐上桌面。

乙：世事如棋，一着爭來千古業；柔情似水，幾時流盡六朝
春？
這副金陵莫愁湖六朝故壘的聯，真是感慨萬千。

甲：虎踞龍蟠，兵家必爭，只累得蒼生受苦，難怪歷代都有
許多人，厭倦紅塵，逃避到佛家道教。

乙：不過佛道二教，向來也不是沒有爭執——爭地盤、爭優
勝。我們一開始講對偶練習時提過的清初李漁有題廬山
簡寂道觀的聯：
　　天下名山僧佔多：也該留一二奇峰，棲吾道友；
　　此間好語佛說盡：誰識得五千妙論，出我先師？
可說溫柔婉轉，而又替道教爭回不少面子。

甲：不過他的態度也是十分和平，而且也給足佛教面子。

乙：在現代，在思想自由的民主國家，特別是在主流文化的
異地，他們是更和平共處了。澳洲布城也有從香港遷來
的青松仙觀，乾淨虔潔，清幽得很，遊客都說是澳洲大
環境好，所以勝於原地。裡面黃大仙、天后、關帝當然
都有，也有觀音臺，有副對聯：
　　西方綠竹千年秀，
　　南海蓮花九品香。

甲：對聯是平平無奇，不過澳洲主流文化來自西方，和平康
樂確是南海天堂，不必再到紫竹林中另找了。

乙：布城又有台灣高雄佛光山寺的支脈中天寺，也非常幽雅。據寺僧說，他們的祖師星雲上人，認為這裡是中國人的天堂，所以命名為中天寺；後來又在南邊的臥龍崗再建南天寺，大概是南海天堂的意思了。

甲：唉，中國人的天堂為什麼要在遠遠的南方洋海呢？

乙：要解答這個問題，有人就主張往現代的西方，取民主、科學、法治的經，甚至取宗教的經；有人就主張回到自己祖先的經典。譬如青松仙觀正門石牌坊那長聯就不錯：

> 一生二，二生三，三生萬物，負抱陰陽分四序；
> 地法天，天法道，道法自然，混成宇宙莫三才。

甲：全出《老子》，善用數字，真是傳統文化特色，節奏、吐屬也大方高雅，氣象恢宏。可惜聯中分句平仄不太好。

乙：有兩副佛對聯，也很通達。一副在燕子磯觀音大士廟：

> 音亦可觀，方信聰明無二用；佛何稱士？須知儒釋有同源。

甲：對呀，“音”怎可以“觀”呢？虧他想到。

乙：另外一副是鎮江金山寺彌勒佛龕：

> 大腹能容，了卻人間多少事？滿腔歡喜，笑開天下古今愁！

甲：這比另外相傳的“容天下難容之事”“笑此間可笑之人”，語調平和深厚得多了。

乙：有時又警戒勉勵得很好：

鎮江金山寺膳堂：

> 一屋一椽、一粥一飯、檀越脂膏，行人血汗。爾

戒不持、百事不辦、可懼、可憂、可嗟、可歎！

　　一時一日、一月一年、流水易度，幻影非堅。凡
心未盡，聖果未躐，可驚、可怕、可悲、可憐！

甲：總的來看，儒釋道三教還算是長期和平共處。有許多格
　　言聯，也三家混融，説不清誰是主導思想了，好像：

　　　　世事洞明皆學問——人情練達即文章

　　　　最愛聰明藏渾厚——每於退讓見英雄

　　　　欲知世味須嘗膽——不識人情只看花

　　　　事能知足心常愜——人到無求品自高

　　　　水能性淡為吾友——竹解心虛是我師

乙：我也舉出幾副：

　　　　手挼凍醪秋露重——卷翻狂墨瘦蛟飛

　　　　六經讀盡方拈筆——五嶽歸來不看山

　　　　烈士肝腸名士酒——美人顏色古人書

　　　　砥行似農宜有畔——讀書如賈任居奇

　　　　道心靜似山藏玉——書味清於水養魚

　　　　有思書外得——無物眼前來

甲：六對五，你多我一副了。展望將來，隨着中華文化的繼
　　續豐富、更新，一定有更多、更好的對聯出現！

十一、讔諧遊戲探精神

甲：黑不是、白不是、紅黃更不是；

乙：那一定是青色了。

甲：是狸狗狐狼彷彿；

乙：咦，都是"犭"旁，不是牲口吧？

甲：既非家畜，亦非野獸。

乙：……暫時想不到，你繼續說。

甲：詩有它、詞有它、論語也有它；

乙：聽來是對聯的下句了。詩、詞，論語都有……是了，
　　"言"字偏旁。

甲：對東西南北糢糊；

乙：迷路，迷路；地闊天長，不知歸路。

甲：雖為短品，卻是妙文。

乙：哦！原來是一副對聯，要人"推測文字"——上聯是
　　"猜"、下聯是"謎"！

甲：看你那快樂的樣子！不過也難怪，換了是我，猜中一個
　　你出的謎，也一樣高興。

乙：難度越高，興致越大。

甲：彼此心心相印，乍然說破，好奇心，好勝心，都滿足
　　了。

乙：春秋時代，列國外交，貴族大夫們彼此諷誦舊章，利用詩篇來互相酬答，宣達政策，其實也有猜謎成分。

甲：對。晉公子重耳與秦穆公相見，公子賦《河水》，意思是"渡河回國"而不是"一去不返"；穆公答以《六月》，意思是"出兵相助"而不是"熱得要命"。

乙：猜錯了，不會要命吧？出謎語難人的那個獅身人首的Sphinx，早已跳崖死了。早晨四隻腳，中午兩隻腳，晚上三隻腳，腳數越多，力量越小。春秋諸侯如果訪問希臘城邦，可能也要請問Oedipus，才知道謎底是"人"了。

甲：猜不到，對方可能暗暗瞧不起——這人的悟性不高！

乙：好在我剛才猜中。

甲：算了吧，我們都是一介平民。

乙：平民猜謎當然更多，不過古書上記載的往往都是有關貴族的故事。《史記》、《韓非子》、《呂氏春秋》、《新序》等等，都記載一個故事，只是人名不同。有個領袖登位幾年，似乎毫無作為，有人就問他："有隻大鳥，三年了，也不飛，也不鳴，是什麼鳥呢？"他就答："你不要小看這鳥，這鳥不鳴則已，一鳴驚人；不飛則已，一飛沖天！"

甲：我也聽過，一說是諫楚莊王，一說是諫齊威王：總之都是超級大國的有為英主，都是湖海縱橫的地方。

乙：人更喜歡說說笑話，賣弄一下智慧，齊諧志怪。

甲：也是齊國，孟嘗君的爸爸田嬰要大興土木，建築封邑的城牆，大家都憂心勞民傷財，只是苦勸不聽，反而惹起了他的老爺脾氣，下了道命令："不聽！"有個人說：

"我只説三個字，讓你猜猜，多説一個字，你可以烹了我！" "好好好，你只管説"。

乙：結果説那三個字？

甲：海。大。魚。

乙：清蒸鯨魚？紅炆頭腩？

甲：那裡找這麼大的蒸籠和碟子？那個時代，烹人的鼎鑊倒是有的，主上一發蠻，門客可能變成白灼蝦。不過，田嬰的謎語胃口給刺激起了。"喂！喂！你不要跑開，回來，回來。答應不烹你，你説個明明白白。"

乙：猜不到，要開謎底了。

甲：閣下位高權重，任意縱橫，就像海裡的大魚，網，攔不住；鈎，釣不起，齊國就是閣下的海水。不過，一旦離開了海水，擱了淺，連小蟲小蟻都可以咬牠吃牠。

乙：對了。齊國如果繼續強大，自己封邑的城，何必再築？如果齊國沒有了，築城又有什麼用？

甲：老兄悟性不差，如果在古代，事先看清地圖、查清族譜，再含着銀匙出世，可以做齊威王、孟嘗君了。

乙：不論貴族、平民，同樣在生活上要滿足好奇，增加情趣、熟練文字、豐富想像、鍛煉思維、啟迪智慧。

甲：老兄好像在編寫講義，列舉綱目。

乙：中文一濃縮，四字句就出來了。《文心雕龍‧諧隱》篇也説"隱語之用，被於紀傳；大者興治濟身，其次弼違曉惑"，隱語又簡稱為"讔"，就是謎語。

甲：猜謎，可以考驗和刺激增進一般知識，特別是文字與文學知識；可以在集會交誼中助興；可以欣賞謎面藝術美感和促進聯想。

乙：智、群、美三育都有了。當然，參加者都要有充沛的精
　　神，都要依規則、守秩序，接受人家的勝利、欣賞人家
　　的長處。

甲：連德、體二育都有了。

乙：我們不如合夥組織推廣宣傳公司吧。

甲：生意這麼複雜，豈是你我這類人幹的？還是講講故事，
　　唸唸古書吧。

乙：對，對。《荀子》書上有個謎語，大意是：

　　　　有物於此，屢化如神；功被天下，為萬世文。

　　　　功立身廢，事成家敗；人屬所利，飛鳥所害。

　　　　身柔而馬首，屢化而不壽，冬伏而夏游。

　　　　喜涇而惡雨，前亂而後治——

甲：好像幾節押韻的詩。對不起，打斷了，還有一句是——

乙：一說出來你就猜到了：——"食桑而吐絲"。

甲：謎底就是——蠶！

乙：對。荀子有一篇《蠶賦》。可以說是一段實物謎語。就
　　如後代比興寄託的詠物詩，如果詩裡故意隱去了那個對
　　象的名目，就又是一個謎語了。

甲：不論平地與山尖，無限風光盡被占；採得百花成蜜後，
　　為誰辛苦為誰甜？

乙：羅隱詠的不只是蜜蜂啊。我記得一首也是唐人的詩：

　　　　夜靜絃聲響碧空，官商信任往來風。依稀似曲纔
　　堪聽，又被風吹別調中。

甲：好！高駢究竟是寫風箏，抑或詠歎宦海浮沉，身不由
　　己？

乙：這就不妨研究研究。中國文學史上這類作品多的是，所

謂"比興寄託"，是作家最喜歡用的手法，許多人也覺得這樣才夠含蓄婉曲，大概是所謂屈宋賦騷美人香草之遺吧。不過作者有時也真是純粹詠物，並無比喻寄託，一概當是猜謎，倒也不必。

甲：詩家總愛西崑好，獨恨無人作鄭箋。玉谿詩謎。

乙：李商隱〈無題〉詩那句："分曹射覆蠟燈紅"，就是分組集體遊戲。用盆覆着某物，外面有首如銘如讚的短詩，讓人用智慧的箭去"射"穿它。

甲：民間迷信，扶乩，求簽，似乎十居其九也是用文言的詩。

乙：模糊朦朧。彷彿其辭，讓你難以確猜，讓他方便取巧。

甲：剛才你說那首風箏詩，我又想起另外一首，忘記了是誰作了："慈母手中線，費幾許？只要去，扯不去，不愁你下第，只愁你際風雲，腸斷天涯何處？"——天涯遊子，逐利求名，家中慈母、甚至嬌妻，那複雜的心情，真是絲絲入扣。

乙：民間的實物詩謎，許多很淺白：長腳小兒郎，吹簫入洞房，愛喫紅花酒，拍手命喪亡。小兒郎都猜到是"蚊"了。小兒郎長大，懂多了人事，這幾句詩可能就可作警醒。

甲：色乃削肉之剛刀，酒乃穿腸之毒藥。

乙：人若賺得全世界，賠上了自己的生命，有什麼好處呢？

甲：唉，那位仁兄，一貌堂堂，心狠手辣。勒索香港兩大富豪，被捕廣州一審處決。人為財死，蚊為血亡。

乙：為惡為善，一念之差，人生的評價就不一樣，妻子兒女，因此而光榮喜樂、抑或因此而抬不起頭，也不一樣。

甲：古今中外，人都離不開道德理性，中國尤其有很強的尚德傳統，且看這個宋人的謎語：

可以託六尺之孤，可以寄百里之命；

遇剛則鏗然有聲，遇柔則沒齒無怨。

你說是什麼？

乙：君子，上句出於《論語》，一個重言諾，為道義而兩脅插刀，水裡水裡去，火裡火裡去的君子。你越打擊它，他越剛強；你溫柔軟弱，他就更憐恤體貼。

甲：當然如此。不過，其實寫的是木屐。

乙：寓偉大於平凡，好！我也想起于謙那首著名的詩：

千錘萬擊出深山，烈火焚燒若等閒；

碎骨粉身全不顧，只留清白在人間！

甲：石灰，也就是他的人格。犧牲自己，成全公義。不過，歷史上的忠臣義士，往往被人害死，于謙最後也是被自己效忠的王朝害死。

乙：就如方孝孺、鐵鉉、左光斗、楊繼盛。不死於對外抗戰，而死於王朝內部的權力鬥爭；並非是結黨營私，而只是堅持禮義。明朝，真是黑暗得可怕可恨。

甲：也不只是明朝。政治，本來就容易污穢險惡，中國歷代無所制衡的君主專制，更必然罪惡滋生。

乙：廟堂之上，固然君臣禮隔；家庭之內，也是男女不平。

甲：想當初，綠鬢婆娑。自歸郎手，綠少黃多。受盡了折磨，歷盡了風波。休提起：提起時，淚落滿江河！

乙：一字一淚，連竹篦也對歷代不幸婦女，一灑同情之淚了。

甲：不做撑船竹而做竹杖，幫助老人，盲人，謎面又變成：

> 用之則行，捨之則藏，惟吾與爾；
>
> 危而不持，顛而不扶，則焉用彼？

乙：作謎的人，可謂善用《論語》。當世，對現代許多算是唸過中文的人來說，這謎是太深了。還是這個淺一點：

> "咬定青山不放鬆，立根原在破巖中；千磨萬礪還堅勁，任爾東南西北風！"

甲：難怪文人雅士，每每詠竹畫竹了，你看有個謎：

> 遠看山有色，近聽水無聲；
>
> 春去花還在，人來鳥不驚。

乙：真美，平仄又調協，真是如詩如畫，是什麼？

甲：你詢問之前最後一個字說響一點，就是答案了。王安石有首六言詩，也可說雅俗共賞：

> 方圓大小隨人，滿腹文章儒雅；
>
> 有時一面紅粧，常在風前月下。

猜的是印章。

風前月下，寫詩寄信，署名之後，都有蓋章。印章篆刻，又是一門傳統藝術，印文有篆有隸，章形或圓或方。每句每字，都扣緊謎底。有人作一首"雨傘"的詠物謎詩：

> 偶因一語蒙抬舉，反被多情又別離。
>
> 送得郎君歸去也，倚門獨自淚淋漓。

乙：真是虧他想到，不過"語"和"雨"，"情"和"晴"，諧音雙關，也要費些心思。有人寫得更複雜：

> 開如輪，斂如槊，剪紙調膠護新竹。
>
> 日中荷蓋影亭亭，雨裡芭蕉聲索索。

晴天則陰陰則晴，二天之說誠分明。

安得大柄操吾手，盡覆東南西北之行人！

甲：簡直是一篇短短的"傘賦"了。有一個也是歸結於"大
　　丈夫不可一日無權"的："熨斗"。

本向衣冠寄此生，熱腸中抱最分明；

有朝大柄歸吾手，敢為人間雪不平！

乙：讀聖賢書，懷抱澄清天下之志，可惜一旦炙手可熱，真
　　的執掌權柄，就反而又替人間增加許多不平了。

甲：難怪被人嘲笑："文人多大話"，想像的話，誇張的
　　話，高自期許的話，還是小心一點說，不要太多說。造
　　造謎，猜猜謎好了。

乙：一經文人之手，淺白的民間實物謎，就變成典雅的比喻
　　謎，甚至純粹文字謎了，不過由此可以看到一些文化精
　　神與面目，卻是無分雅俗的。

甲：中國歷代偏重文藝，知識分子幾乎都是文士。咬文嚼
　　字，舞文弄墨，原是文人的拿手好戲。

乙：中國的漢字，是形音義三者兼備的綜合體。"形"的方
　　面，是獨體為"文"，合體為"字"。"音"的方面，
　　有一字多音，有一音多義，有諧聲雙關，"義"方面，
　　有引申，有假借這種種因素再交互作用，千變萬化，就
　　可以構成種種巧妙的文字謎語。

甲：燈謎也有些一般性規則，例如底面不許用字重複，謎面
　　要語法通順，字體要正規寫法等等。當然，謎語本質是
　　遊戲，嚴格的、真正的、常用的意義，往往用不着，或
　　者反而被用來擾亂心思，讓人難以猜到。好像說：一加
　　一，猜一個字，但不是"二"。

乙：可以是"其"，拆開就是"共二"；也可以是"王"，如果中間那個"十"字被視為算術"加"數符號。

甲：精通《說文解字》的專家被你氣死。

乙：如果一加一的答案是"二"，那是常識，是事實，不是謎語，不是遊戲了。好像說："山水甲天下"，猜一個地方。當然不是人所共知的"桂林"，是"汕頭"。

甲："汕"字拆開，有山有水；"頭"，就是"甲天下"了。我也聽過："清明前一日"，猜一個節令，當然不是寒食。

乙：此日何日？唉，人間何世。

甲：異族壓迫，政治黑暗，真是人間何世。魯迅當年就自號所居為"且介亭"，"且介"就是半個"租界"。

乙：謝謝暗示、提點。是"元旦"——清、明倒數前一個就是元，"一日"加起來就是"旦"。不過，沒那麼曲折，比較符合文字本義的，莫如漢末作家蔡邕，寫在曹娥碑後那八個字："黃絹幼婦外孫齏臼"。曹操帶人經過，大家都苦猜不到，只有楊修說他懂。曹操走了三十里後，才想到答案。

甲：楊修太聰明了，又不斂藏自己，難怪最後得罪老闆曹操，被他宰了。

乙：被殺也不是因為猜謎勝了老闆，而是介入了老闆兒子之間的權力鬥爭。還是說那八個字。"黃絹"是有色之絲，是"絕"；"幼婦"是"少女"，是"妙"字；"外孫"是女之子，"好"字；"齏臼"比較深一點，就是搗碎醬菜的缽頭，容受的都是辛香的作料，"受"與"辛"拼在一起，就是古代寫法的"辭"字。

甲：絕妙好辭，就是說：文章寫得好極了！

乙：唉，兜這樣大的圈子來稱讚，這帽子也不容易戴呢！

甲：字形離合，是很常見的謎語作法。且看一個語氣不是讚歎，而是意帶批評的字謎：

> 若教有口便啞，且要無心為惡；
> 中間全沒肚腸，外面強生棱角。

乙：陳亞有心終是惡，蔡襄無口便成衰。這是個"亞"字，要"無心為惡"，不可"強生棱角"，這是很典型的舊中國社會規範。宋朝人最喜作這類字謎。

甲：那時都市興起，文物殷盛，特別是新年喜慶最後一個高潮，第一個月圓之夜——元宵，人們遊樂日以繼夜，張燈結綵，燈下就掛了謎語，讓人看得清楚，猜得熱鬧，於是有所謂"春燈謎"。

乙：月上柳梢頭，人約黃昏後。佳人有例遲到，猜猜燈謎也好。

甲：佳人到後，一同猜燈謎，自己早就想得很苦的，如今扮作一看便猜到，讓佳人歎服歎服，也就更好。後來中秋也有，就簡稱為"燈謎"了。

乙：中國傳統遊戲而雅俗共賞，最與中國文字、文學有關的，莫如"燈謎"。明末清初那個有文無行的大漢奸阮大鋮，就寫有《春燈謎》劇曲。清代著名小說，以謎語來裝點情節的，最先是《紅樓夢》，不過多古少今；最多是《鏡花緣》，都是當代之作，而流於淺濫；集大成而多是精品的，就推《品花寶鑑》了。

甲：燈謎一到文人之手，就弄出許多規格，很多花樣。宋人開始加註，限定猜的方法，發展到明朝，就有許多許多

"謎格"了，最初有所謂"廣陵十八格"，清初有二十四格，到清末就猛增到幾百格。

乙：國家多難，有些文人竟有興趣把遊戲弄得這樣繁瑣，也是可歎。

甲：人的器識品味，原本就差別很大，也沒有辦法。不過一般常用的，不過是十多種，我們或者分成幾類，稍為説説。

乙：首先是加註，現在有了詞格，等於註明猜法，出謎者就故意用"註"來擾亂注意，增加難度，但其實又變相提示——例如謎面："紀念魯迅一世紀"猜成語一，註："猜時勿念"；不要真的以為不要"唸出聲音"，或者記念在心，而是不要了謎面的"念"字。一世紀是一百年，魯迅本名周樹人，所以，謎底就是——

甲：百年樹人。這是很普通的成語。用十年來栽植一株大樹，用一生來培養一個成熟的人才。

乙：猜得好。現在就依你提議，分成字序、字音、字形、字義幾類，介紹一些最常用的謎格。

甲：每個中文字的意義和詞性，每每決定於它在句子中的次序。謎底只有兩字字面要倒過來讀，像鞦韆一般回盪，稱為"秋千格"，例如"今天"，猜國家名，謎底是"日本"——倒過來是"本日"，就是"今天"的意思了。

乙："西望長安"，猜古代詞人。西望長安，就是觀看秦的故地，簡單説，就是"觀秦"，倒過來就是"秦觀"了。

甲：同樣辦法，而謎底三個字或以上，就稱為"捲簾格"，就像簾幕倒捲。例如："不要忘記途徑"，猜《聖經》卷目，答案很容易。

乙：路得記。

甲：對了，其次是"字音"。"諧音"的例如："家兄"，又是猜聖經卷目。

乙：雅歌。"阿哥"的諧音。

甲：又對了。中文同音字很多，猜謎時可以故意用一個同音錯字，依句中位置不同，有"白首"、"雪肩"、"素腰"、"粉底"等名目。

乙：都是文人帶點香艷的聯想，總之故意讀"白"字，寫"白"字，白字就是別字。

甲：例如"龍船"，猜香港地名，"粉底格"，又稱"素靴格"、"立雪格"，總之最後一個是白字。

乙：長洲。洲舟諧音，龍船就是長舟。

甲："絕不民主"，猜運動名目。

乙：太極拳。拳權諧音。

甲：好。中文字又有聲調、同發音、同收音，但是聲調不同，意義大有分別，面平底仄的稱為"解鈴格"——從前塾師教書，字音由平改仄的在左或右上角加個小圈，俗語謂之"圈聲"，所謂"鈴"就是象徵"圈聲"。本來謎底那個字是"圈聲"的，把它解除了，變成平聲以符合謎面，謂之"解鈴"。例如"不准動武"，猜文章類別，答案是"應用文"——"應"字本是去聲，"應用"、"應付"的應，依謎面，就是唸平聲，"應當"使用文化的手段，不准動武。

乙：解得還算清楚。相反的就是"繫鈴格"了，例如"北京午夜"，猜飛禽一，答案是"燕子"。

甲：北京古稱為"燕"，平聲讀如香煙的煙。午夜，就是

"子"時了。再其次是"字形"，花樣特別多，有"聯璧格"，就是謎面解成兩個字，再拼合為一個字，便是謎底。例如謎面"二小姐"，猜一個字。"二小姐"就是"次女"，合成"姿"字。

乙：有"燕尾格"，就是謎底最後一個字，分作兩個來讀，好像燕子的叉尾——例如"鐵扇公主"，猜食物，答案是"牛肉"。

甲：為什麼？想不通——啊，是了，根據《西遊記》，鐵扇公主是牛魔王的妻子，妻子就是"內人"，就是"肉"字分成兩半。如果謎底每一個字都分成兩三個字，以扣合謎面，就是"碎錦格"。簡單的，例如"木乃伊"，是"古屍"，所以是"居"字。複雜的，例如"冠蓋滿京華"或者"往來無白丁"，猜春秋名人，答案是"管仲"。

乙：這次輪到我不明白了。

甲："管"字可以拆成"個個官"，"仲"就是"中人"；個個都是官僚中人，不是杜甫懷李白詩所謂"冠蓋滿京華"，劉禹錫《陋室銘》所謂"往來無白丁"麼？

乙：是！是！不過太纖太巧，太鑽牛角尖了，還美化為"璧"，為"錦"呢！

甲：字謎通常都在形體的離離合合上打主意，多數沒有聲明是什麼"格"。事實上也是隨意創作，名無可名。著名的例如："春雨連綿妻獨宿"，猜一個字。

乙："一"字。

甲：真敏捷！你怎知道？

乙：其實是小學時老師說過。春雨連綿，不是沒有陽光了嗎？妻獨宿，不是沒有了丈夫嗎？"春"字無"日"無

"夫"，就只賸"一"字了！

甲：這類謎語，往往謎面是詩詞名句，意境美到不得了。"落花人獨立，微雨燕雙飛"，是個"倆"字——"花"落了，只有"人"單獨立在一邊，雨點小得不見了，裡面四點變成兩個小燕尾。

乙：唉，太纖巧，太纖巧。老師又提過一個很難的謎。謎面是杜詩《登高》名句："無邊落木蕭蕭下"。

甲：我也聽過，答案好像是"日"字，不過不知理由何在。

乙：南朝齊、梁都姓"蕭"，蕭蕭之下，就是陳朝。陳字沒有了偏旁，除去了"木"字，不就只賸了"日"嗎？

甲：這是極迂迴，極纖巧了！有人還用一首薄命女子自歎的十句曲詞，猜十個字呢：

　　下珠簾，焚香去卜卦；

　　問蒼天，儂的人兒落誰家？

　　恨玉郎，全無一點直心話！

　　欲罷，不能罷，

　　只恨吾難以開口也！

　　論文字，交情不差；

　　染成皂，難講清白話。

　　分明好鴛鴦，都被刀割下！

　　拋得奴，力盡手又乏；

　　細思量：口與心，俱是假！

乙：好一個痴心的姑娘……纏綿悱惻！

甲：猜中是什麼字？

乙：我全心都想着那姑娘，沒法猜了，你自己揭曉吧。

甲：就是從一到十，十個數目字。

乙：怎解釋？

甲：逐句來吧。"下"字去了"卜"，是"一"；

"天"字"人"落誰家，是"二"；

"玉"字無"一點"無"直心"，變成了"三"；

"罷"字不要"能"，是"四"；

"吾"難開"口"，餘下了"五"；

"交"字不要"差（乂）"，就是"六"；

"皂"沒有"白"，只餘下"七"；

"分"字割下了"刀"，惟有"八"；

"拋"字"力"盡"手"乏，賸下中間的"九"；

"思"字"心""口"俱假，只有中間的"十"。

乙：唉！人的腦筋太奇妙了！太奇妙了！

甲：現在還有人創作中英合璧的謎呢？

乙：怎樣？

甲："中夜"，"半夜三更"，各猜一個英文字母。

乙：猜不到，猜不到。你快說。

甲：前者是 v，eve（晚夜）的中間；後者是 g，night 的中間五個字母，代表五更。

乙：唉！要倉頡、莎翁合力才可以猜到了。

甲：最後一類是"字義"：有"鴛鴦格"，謎面謎底恰成一對，例如九龍半島的"上海街"與"下鄉道"，可以互為謎面謎底。不過一般都就意義聯想，以謎面為上文，以謎底為下理，也不必用什麼格了。

乙："舉頭望明月"是"仰光"，"信口雌黃"是"背心"，"偶一為之"是"二"——

甲：為什麼？

乙："偶"就是"配成一對"，把"一"配成一對，不就是"二"嗎？

甲：假如時間容許，我們作竟夕之談，可以輯成一本謎語專書了。

乙：這類書早已很多，有人還專製成語的謎，好像：
挖空心思——田；手不釋卷——捲；
並蒂蓮——君子之交；女兒情——人心思漢。

甲：我還見過有人用"9999"來猜一句成語。

乙：是"萬無一失"呢？還是"掛一漏萬"？

甲：都可以。

乙：你剛才用英文猜，我也有個謎面，Cloth，猜中國古人。

甲：英文"布"字？不知道。

乙：就是"英布"。

甲：英布是誰？恐怕許多人不知道。

乙：通過猜謎遊戲，人也可以很自然有趣地熟悉了許多詩詞名句，增加了許多文化知識。英布是秦末罪徒，隨項羽起事封王，叛項歸劉，後來又因韓信被誅，恐怕禍及，於是先叛，結果敗死。因猜謎而引起興趣，一查書，又知多一點點了。英布，只不過是千百個例子之一而已。

十二、龍蛇風水混陰陽

甲：出生在一九四一、五三、六五、七七、八九的人，都狡
　　猾、陰險！

乙：你説什麼？你不是瘋了吧？

甲：不是！我自己就生在一九四一。我也是狡猾、陰險。

乙：你？

甲：是啊。因為我也屬蛇。

乙：哦。原來老兄是反話正説。你自己也忍不住笑了。

甲：真的可笑。舊時的人説："虎蛇如刀錯"、"兔龍淚交
　　流"。當年我哥哥和第一個女朋友本來差不多要談婚論
　　嫁了，怎知她媽媽説："女兒呀，他屬虎，你屬龍，龍
　　虎相爭，一定永無寧日。"於是大好姻緣，就泡湯了。

乙：如果不泡湯，你想你哥哥後來有機會喝現在那位岳母的
　　拿手靚湯嗎？

甲：湯不知道有沒有得喝。每年年頭年尾，廢話一定裝滿耳
　　一大堆。

乙：對呀。牛年到了，人們就説：去年屬鼠，鼠輩當道，猥
　　瑣、低賤，難怪市道低迷。現在金牛道，牛勤勞、忠
　　心、力氣又大，一定好景。

甲：一晃眼十二個月過去了，同一批人又説：去年那頭是蠢

牛、蠻牛、狂牛、瘋牛，所以災難特別多。今年屬虎，虎虎生風，虎威大振；金股齊鳴，樓市反彈。到今年結束，實在不好，金融危機深化，樓市狂跌過半，生態環境惡化，失業嚴重。人們又說：殘暴的老虎快要過去，來年是動如脫兔，狡兔三窟，生氣一定恢復，生存空間一定另外找到。

乙：總之每種動物都有優點缺點，隨人亂說。

甲：說像什麼，就像什麼。像就是"肖"。生在那年，就像那年的動物，此之謂"生肖"。

乙：子丑寅卯辰巳午未申酉戌亥，十二地支，十二個年頭；鼠牛虎兔龍蛇馬羊猴雞狗豬，十二種動物。

甲：為什麼是這十二種動物？為什麼這樣排列、這樣配合？

乙：不知道。

甲：為什麼嫂夫人最喜愛的貓兒，竟不在十二動物之內？

乙：不知道。或者虎已經是巨貓了吧。

甲：但為什麼有"雞"而無"鳳"，但又有龍有蛇？

乙：不知道。不過，所謂"六畜"之中，也沒有貓。

甲：六畜，以至六宮、六會、六藝、六和，為什麼都是"六"？都是"十二"的一半？

乙：不知道。我想，"六"就是上下四方，有整個宇宙的意味，比"四"方"八"面，更加無所不包。

甲：有道理。正如"一"是"開始"、"獨特"和"整體"；"二"是相對相配、相互相成；"三"是眾數之始，"四"是整個平面；"五"是四方加中央，"七"是立體而又有核心，所以最和宗教有關，古代以色列入也以"七"為圓滿數字，《聖經》最神秘的最後一卷啟示錄，裡面許多七……

乙：唉，越說越玄了。"八"是平面的所有方向，"九"是所有方向再加上中央，是眾數的最多，到"十"就完完整整，變成兩位數了。

甲：還是回到本題吧。馬牛羊雞犬豕，所謂"六畜"，是古代農業社會最常見的牲口，在十二生肖中都有了。可是，奇怪，既不放在一起，也不是間隔出現；至於生肖的次序，不是一"馬"當先，也不是"龍"頭老大，領隊的竟然是鼠輩！

乙：對呀，真的不知是何道理。或者老鼠擅於穿穴鑽洞，打開出路吧。十二生肖為什麼與年相配，而不像西洋星座與月、甚至更精密地與出生時辰相配，也是奇怪。

甲：所以生肖與性格相配之說，就比星座說更難入信了。一年到頭，寒暑變易，從年頭到年尾出生的人都"肖"某一種動物，你說是不是荒誕？

乙：是啊，奇怪還有人相信。

甲：天干，地支又是什麼？

乙：不知道，只知道"支"就是樹枝的"枝"，即如天干的"干"，就是樹幹的"幹"。

甲：為什麼甲乙丙丁是天干，子丑寅卯是地支？甲乙丙丁又是什麼意思？為什麼是這個次序？

乙：也不知道。天干地支的字，都各有本來意義。查查《說文解字》，請教對甲骨文、鐘鼎文有研究的專家，都可以知道，不過為什麼用作干支符號，就不知道。

甲：十天干的"十"，跟十進法、十個手指頭、十惡不赦、十全老人之類的"十"，有沒有關係？十二地支，黃道十二宮、十二時辰，西人半晝十二小時，十二星座，以色列十二支派，為什麼都是十二？

乙：沒有研究。不敢穿鑿附會，瞎說亂說。

甲：為什麼用干支來紀年？起於何時何人？

乙：唉，又是那個答案——不知道。所知的是：殷代甲骨文，已經用干支記日。有人認為十二辰就是黃道十二宮。

甲："黃道"就是"光道"，就是太陽一年中在天空移動位置的軌跡。

乙：對了。這個分法據說是從巴比倫傳來的。

甲：西南亞以至北非的文明我們一向知得不多。交通的阻隔、語文的障礙。

乙：你看他們的數目字，1234567890，簡便好用，風行全世界。冰山一角。那個地區的文明真不簡單。

甲：分開來說，埃及、阿拉伯、希伯來、巴比倫、伊朗、印度，又各有不同，不過，我們認識得實在太少了。

乙：也有人說是從印度、西域隨佛教而傳入。

甲：又是天竺？又是佛教？

乙：對。他們也有十二生肖，只是他們不用"雞"，用"金翅鳥"。

甲：巴比倫，就是現代伊拉克一帶；西域，就是新疆以至中亞細亞。那些地區都是植物稀少，游牧民族長期以來用動物紀年。

乙：為什麼十二種動物之中沒有駱駝？為什麼又有豬？豬在許多西亞宗教信仰中，都被認為不潔。

甲：這次輪到我說"不知道"了。或者正如你剛才所說：印度有"金翅鳥"而無"雞"，其他地區，大概也有不同的代換吧。

乙：犬馬牛羊龍不論何時何地都為人類服務。

甲：以鼠牛虎兔等十二種動物為生肖，最早見於什麼記載？

乙：最早很難說。在漢學者王充的名著《論衡》就有十二生肖的講法。

甲：十二生肖配合十二地支，十二地支與十天干相配，甲子、乙丑、丙寅、丁卯……這樣下去，到第六十一個就又是甲子。一九二四和一九八四都是甲子年。

乙：對。我們小學唸算術，知道所謂"最小公倍數"，十和十二的最小公倍就是六十，所以說"花甲之年"就是六十歲了。

甲：話又說回來：再往下推，二〇四四又是甲子年了，當初某一年是怎樣配合某一干支的呢？

乙：又是不知道。大抵是其來已久，極少人知道為何開始吧，見諸記載，是東漢光武建武三十年，開始記為"甲寅"。

甲：公元五十四年。虎年。──還是不明白：為什麼要鼠牛虎兔……這樣排列？

乙：許多種解釋。都是無稽、牽強。最近情理的，是說由腳趾的單雙數目而間隔排列──牛四、虎五、兔四、龍五、蛇零、馬一、羊四、猴五、雞四、狗五、豬四。

甲：老鼠呢？

乙：前四後五，奇偶單雙兼備，所以由牠領軍。

甲：何不由他押後？有誰見過真龍？同是單數腳趾或者同是雙數腳趾之中，為什麼又是牛、兔、蛇、羊……和虎、龍、馬、猴⋯⋯這個次序？

乙：講不明。查不出。理不清。

甲：從古以來，中國許多東西就是如此。大抵時代太久了，地域太大了，作為大陸農業文化，認真、嚴謹、精細、大抵並非他的所長吧。現在西潮激盪，情況大改，十二生肖之類，也漸漸成為過去了。

乙：對呀。即如窮凶極惡，食肉獸之王的老虎，現在已經有絕種危機，有些講生態環保的西方人士，還把老虎印得七彩斑爛，又可愛又可憐的，呼籲"救救老虎"呢。恐怕將來要解釋所謂"虎躍龍騰"，要大費唇舌了。

甲：好在我們這些蛇類，照《聖經》所說，雖然有誘惑人類之罪，還是既靈且巧，或者趁此躲回洞穴，避一避風頭了。

乙：老兄的"洞穴"？想必前流曲水，後枕靠山，北高南低，背陰向陽，藏風聚氣。足下得此佳穴，定卜不久蛇化為龍，得雲乘風，九五之尊在望。到時務乞不忘故舊，賞小弟——不，微臣——一官半職，過癮過癮。

甲：哦，一定，一定。念卿家與朕微時兩番對談，十分投契，舌敝唇焦，理應有賞。

乙：賞什麼？請問陛下。

甲：賞你陽宅陰宅各一佳處，左青龍，右白虎，前朱雀，後玄武。

乙：微臣恐怕有玄武門之變。

甲：你不是也想做皇帝吧？

乙：不敢。不想。不敢和不想之間，有個句號。

甲：算你知足。不是帝王之家，兄弟骨肉，因爭位而相殘的機會可以少一點。何況風水既佳，一定家庭雍睦，子孫昌盛。

乙：以往的富貴人家——不要說皇帝了——幾乎都請堪輿名家，經營宅第，建構祖墳，何以又都"眼見他起高樓、眼見他宴賓客、眼見他樓塌了"？

甲：你引述的孔尚任《桃花扇》名句，當然是千古共見；不過曲阜孔府，仍然照講風水；清朝皇帝也和以往歷代統治者一般，浪費無數人民的血汗脂膏，大建陵墓，希望自己與子孫的來生，繼續榮華富貴。

乙：唉！風水如果可信，慈禧就不會被人掘墳，崇禎就不會吊頸了！難道他們沒有能力找天下最佳的風水地，最好的堪輿師嗎？

甲：對呀，如果"皇陵"有"靈"，當今天子就是秦N世了！
——不過，有人總覺得：風水雖然可能不是"充足而必要條件"，但總是"必要條件"。

乙：即如常人所謂：一命二運三風水，四積陰功五讀書，單靠風水，固然未必發達；風水不好，卻一定妨礙發達。

甲：積德與求學，是後天的努力，命、運、祖蔭，都是先天的因素。不過中國人講風水，兼包陽宅與陰宅。現在生活和祖先安葬的地方，都要講究。

乙："風水"這個名詞，本來就出於晉朝名士郭璞的《葬經》。他說，氣，乘風就散；遇水，就停止。古代有智慧的人，使它聚而不散，引導它到應當停留的地方，所以稱為"風水"。

甲：什麼是"氣"？

乙：這問題真難解答，千百年來的中國人，總之任何抽象的力量甚至品質，都籠統地稱之為"氣"，定義、範圍，都無法界定。孟子説"浩然之氣"，是由眾人所同的，由良知與正義行為所形成的道德力量；曹丕説"文以氣為主"，是先天稟賦的、個別差異的藝術才質；韓愈説"氣盛言宣"，卻又是主要由道德修養而來的文藝力量。時代越後，內容越龐雜，"氣"這個概念就越難講清楚。這也是中國文化。

甲：難怪晚清嚴復從英國留學歸來，譯《名學淺説》，介紹邏輯知識，就忍不住痛論"中國老儒先生"亂用"氣"字的不清不楚。人病，就"邪氣內侵"；國衰，就"元氣不復"；腳腫，就是"溼氣"，又説"屍居餘氣"、"天地有正氣"——用字遣詞這樣含糊模棱，學術思想又怎能精確進步？

乙：他的話當然有道理。分析嚴密也正是西人所長而我之所短。不過陸機《文賦》説得好："意不稱物，文不逮意"，許多觀念，不是語言文字所能形容；許多感受，是想也很難想得清楚——

甲：佛家所謂"非想非非想"。

乙：對。想入非非，胡思亂想，人就覺得他胡言亂語，不知所云。

甲：正如我們拜讀有些哲學系朋友的大作。

乙：你小心，不要惹起哲學大師們的氣，叫氣功大師用特異功能懲戒你。你沒有加入"法輪功"組織吧？

甲：沒有。沒有。我還是要再問：什麼是"氣"——風水學上的所謂"氣"？

乙：大概指某個場所，某個磁場，以至某個心理氛圍，一切

無形而又存在的力量的總和吧。所以，風水主要是講
"形"與"勢"，最緊要是包圍了"氣"在其中。

甲："形"與"勢"又有什麼分別？

乙：百尺為形，千尺為勢。兩者都是空間構成和它的視覺效
果。形是近的、小的、各別的、局部的、細節的；勢是
遠的、大的、群體的、整個的、輪廓的。換成公制，
"形"是三十公尺左右，近觀的視距，可以看清人的面目
表情和動作；"勢"是三百公尺左右，步行的舒服距
離，可以看清人的輪廓與動作特徵，是遠觀的視距。建
築物之間的序列和最佳距離，又有所謂"過白"，就是
人站在後廳神龕之前，能在簷下望見前座完整的輪廓，
而且上方還有帶狀的空間。

甲：就像我們常見的殿宇照片，周圍有個拱門樣子的背光框
框，然後是一座不遠不近的建築物，上面還看到連續的
天空。

乙：對了，這可說是一個以人為本，充滿人情味的空間。非
常高、非常大的，就是為媚神求仙禮佛而用的，"神的
空間"了。在中國古建築中，這一類的數量比例很小，
一方面也因為傳統多是木構建築，不像古希臘羅馬的多
用石材。

甲：幾十年前流行一句宣傳的話："形勢大好，不是小
好"，論到風水，是"形勢不大不小為好，總要聚氣"。

乙：對，"聚氣"就是"藏風"、"得水"，如郭璞所說，
因此稱為"風水"。換言之，這是通過大大小小的建築
裝備與位置配佈，人與自然契通調和！合而為一的一種
道理。

甲：百多年前，中國人為了風水而把新建好的鐵路買回、拆毀；十多年來，許多移民美加、澳紐的華人為了風水而亂砍人家珍惜的樹木，卻又被嘲為愚蠢迷信，不知道理。

乙：這是過猶不及。所謂"風水"，其實應該指生態、環境。關乎個人與集體的健康、事業與前途，所謂吉凶禍福，應該作這樣的解釋。

甲：對。"風"就是空氣圈，"水"就是"水圈"，兩者影響地球生物最大，所謂"風水"，可說是兩者協合運作機制的集中概括。

乙：風水的起初，本是葬地的選擇。孟子說得好：太古時代，人，就像野獸，死了，便暴屍在地上，脤臭腐爛，慘不忍覩。漸漸人的靈性高了，親人看了不忍，就把他掩埋，立塊不易移動、不會腐壞的石頭為記，常常來看望憑弔一番，這就是墳墓、碑碣和祭祀的開始了。後來進一步，懂得選擇被風、水、蟲蟻侵害不多的地方。

甲：對，蛇蟲鼠蟻不必說，風吹得猛烈，水流得勁急，不只生者、祭拜者容易得病，甚至追隨死者於地下，地下的死者，也可能不得安寧。葬者藏也，最重要是藏得好。

乙：即使在現代，有時豪雨為災，颶風吹襲，連高處的坡地也會山泥傾瀉，棺材散毀，屍骨零亂呢！

甲：所以穴位很重要。

乙：針灸嗎？

甲：中國古代天人合一的信仰，把人體看成小宇宙，經絡穴位，擴而大之，也就是山脈河流和風水穴位了。穴位最重要是位置。

乙：LOCATION! LOCATION! LOCATION!

甲：為什麼忽然講英文？要向洋人推銷國貨嗎？

乙：不是，不是，我是想起西方地產經紀常用的宣傳口號，地點最緊要，最緊要是地點、地點、地點！

甲：當然。所以最好是背倚高山，左右各有小丘陵環護呼應，前面開揚而不過於空曠，有小山做"案"，遠山做"朝"。

乙：左青龍右白虎，前朱雀後玄武，你剛才説過。

甲：這是最基本的位置講法。所謂前後左右，一般就是南北東西，不過也並非固定如此，要看實際的地形、環境。

乙：神州大陸，當然坐北向南最好，在澳洲買房子，就以朝北的為溫暖、矜貴。

甲：中國傳統認為人鬼神道理相通，陽宅陰宅講同樣的風水。《老子》所謂"萬物負陰而抱陽"，誰都喜歡自己背山而面水。

乙：安坐太師椅，左右有侍衛。

甲：侍婢更不錯。

乙：小心嫂夫人聽到。前面有豪華辦公大桌，再前面是俯伏的奴僕，謙卑的賓客。

甲：大丈夫當如是也。南面王不易也。跨國大公司行政總裁大廈頂層的豪華辦公室，落地大玻璃，俯瞰黃浦江、香港海，甚至南太平洋。

乙：提兵百萬西湖上，立馬吳山第一峰。

甲：要飛渡天塹，投鞭斷流的苻堅、完顏亮，最後卻一敗塗地還是知足保和，自固吾圉為好。所以這個"穴"，又稱為"明堂"，前面的格局很重要，氣洩了就不好。

當然，停滯不通也不好。

乙：就像陶潛筆下的桃花源，裡面空氣清新，人物安樂，入口卻隱蔽神秘。

甲：又像以北京為代表的典型城市，外城內城皇城宮城，一圈牆套着一圈牆，牆裡是一家一家的四合院，又是牆裡東廂西廂，閉關自守，以靜制動，應付外邊的南來北往。就如"國"字也是把人口武力都圍在城裡。

乙：有人說這是小農經濟自足自保的心態反映。總之所謂"內氣萌生、外氣成形、內外相乘、風水自成"。

甲：咦，這句話不知在什麼風水書上見過，總之，從最早的郭璞《葬經》，唐朝楊筠松的《滅蠻經》，徒弟曾文遄的《龍水青囊經》這三本風水書籍之祖開始，"藏風得水"四個字，就是玉律金科，不變之理。

乙："風"要"藏"，因為中國的環境，人容易因風致病。

甲：中風。

乙：中風的風，當然不是一般的風，正如我們剛才談過的"氣"，都代表一種看不到、捉不着，但影響力非同小可的，或正或邪、可吉可凶的力量。"水"就比較有形可見。

甲：瀋陽天津濟南洛陽武漢上海寧波汕頭湛江香港。

乙：一口氣十個城市，你想說什麼？

甲：十個名字，你看到什麼？

乙：哦！——好，泰晤士河塞納河泰伯河尼羅河美索不達米亞三藩市灣雪梨灣——

甲：好了，好了，不要累你氣絕身亡，一場老友，要替你找一塊好風水地。

乙：上面任何一個地方都不錯，只要有水。

甲：水真是無比重要，民非水火不能生活。農業生產，少一
點水灌溉都不可以。

乙：有河流，才有舟楫之利，交通運輸，發展文化。航行工
具進步了。就越洋跨海，大做生意。

甲：背山面水，也可以憑險守衛。生意做不成，成了冤家，
也不怕你來打。

乙：談生意也好，講和也好，對着湖光水色，總比較心曠神
怡，所以水又有景觀，審美的作用。風水池溏可以養鴨
養魚種藕儲水，風水樹林可以擋北風阻禽獸。

甲：不過，江河不要太直，流水不要太急，近海卻必須有
灣。飛瀑怒潮的地方，做風景點可以，做城市就無人問
津了。

乙："問津"就是找碼頭。行走江湖，不可不知道那裡是碼
頭，那裡是避風港。

甲：四方人士，往來客旅落腳的地方，漸漸就變成都市。古
今中外，都市幾乎都近水。江都海港，發展當然勝過山
城萬萬。

乙：腰纏十萬貫，騎鶴上揚州。十年一覺揚州夢，贏得青樓
薄倖名。煙花三月下揚州，江都，就是揚州的古名。

甲：你找個機會，對着當今中國國家主席唸他故鄉的詩吧。

乙：不必，不必。唐詩宋詞，普通的文學遺產，人人得而唸
之，不一定是為了取悅當權者。

甲：現在是民主時代，什麼國家的最高領袖都比較開放親切
了。以前君門九重，不要說皇帝的面不易見到，皇帝的
祖宗墳地，你不小心闖進就不得了。

乙：帝王陵墓，更是窮奢極侈，不知浪費了多少民脂民膏，不知役使了、犧牲了幾多無辜生命。

甲：中國人，你為什麼不生氣？

乙：有什麼人民，就有什麼政府。女作家龍應台如果不生在現代，不唸過外文，不嫁到歐洲去，恐怕也不容易如此發問剛才你那個問題。

甲：早就被鎮壓。鎮江鎮海鎮洋，鎮東鎮南鎮西，鎮平鎮安鎮沅──

乙：這次你真聰明，三鎮一頓，鎮住中氣。

甲：有時要用屏風、影壁來擋住煞氣，有時要用靈符、用鏡子之類或者要用"泰山石敢當"，甚至建一座塔來鎮住煞氣，最要緊是鎮住山高皇帝遠地方的王氣。

乙：王濬樓船下益州，金陵王氣黯然收。

甲：當初秦始皇就恐怕金陵有赤氣，五百年將有王者興，所以掘山以斷龍脈。

乙：所以鎮江古名丹徒，就是赤氣竭盡之意。

甲：有人這麼說。他又把金陵改稱秣陵。

乙：不過後來東吳都於建業，東晉宋齊梁陳都於建康。

甲：陳隋煙月恨茫茫，井帶胭脂土帶香；駘盪柳綿霑客鬢，叮嚀鶯舌惱人腸。

乙：世事如棋，一着爭來千古業；柔情似水，幾時流盡六朝春。

甲：**虎踞龍蟠今勝昔，天翻地覆慨而慷。**
後來明太祖，現代國民政府，仍然定都南京。

乙：南京北京，都是幾朝帝京，風水應該都極好，長安洛陽，更經歷過漢唐盛世。

甲：牧野鷹揚，百歲功名纔半紀；洛陽虎踞，八方風雨會中州。

乙：廣州雖然偏在南方，也據説曾經有紫氣上衝，明太祖趕快派他一個兒子南來座鎮，越秀山五層樓就是因此而建。

甲：煙鎖地塘柳，灰填鎮海樓。

乙：五行相偶，絕對絕對！風水之説，和陰陽五行理論又結合在一起，不過橫講豎講，不管是高踞燕京以雄霸天下，抑或偪促臨安以北望中原，不管陵廟宮殿如何講究風水，一個又一個王朝，都是如此始盛終衰，變作歷史陳蹟，即如殘暴的朱元璋朱棣父子——

甲：萬千劫，危樓尚存；問誰摘斗摩霄，目空今古？
五百年，故候安在？使我倚闌看劍，淚灑英雄！

乙：難怪晚清儒將彭玉麟，這副名聯的作者，不以官爵為榮，不以室家為樂，一生就只懷念初戀情人表妹梅姑，就只拚命作梅花詩，寫梅花畫。一切都看化。湘軍成功，他就退隱。

甲：湘軍的創建者曾國藩，事業心就強得多，當時許多人都推測他會不會像歷史上發生過許多次的，逼宮篡位。

乙：就是一個“篡”字，受那個時代傳統教育的人，想想也自覺有罪，曾國藩有沒有想過，只有他自己知道，寫《湘軍志》的大名士王闓運——

甲：湘綺老人王壬秋。

乙：就對他暗示過天命有歸，何妨恢復漢族王朝，曾國藩只聽不答，聽完了就端茶送客。

甲：大抵是審情度勢，自己戢歛了野心。傳説他患了皮膚

212

病，一抓癢就散下許多皮屑，都是龍鱗。

乙：這是以訛傳訛，故神其說。不過中國一向以天子為真龍，人所共知。

甲：已經是天子或者可能是天子的人，就最怕被人掘斷了祖宗山墳的龍脈，所以帝王陵墓附近一帶，嚴禁樵採、開礦；有人作反，朝廷就要地方政府，首先掘了反賊先人的墳墓，破壞了他的風水，絕了他的來龍去脈。

乙：風水學上就以龍比喻山嶺走勢的奔騰起伏，並不專指皇帝，以“脈”比喻生氣的散佈運行，像人身的血管神經。

甲：如果像歐陽修《醉翁亭記》第一句：“環滁皆山也”，那又怎辦？群龍無首，豈外變成“亂龍”？

乙：那就既憑眼光，亦靠機會，選擇那裡是“主山”或者“鎮山”了。墓地、家宅、甚至整個城市，後倚的主山就是“來龍”，前後左右、環抱着的群山稱為“砂”或者“沙”，就像文武百官，擁護着君主。而眾山之祖，就是崑崙山脈，由此開出八條支脈，五條伸到國外，三條橫跨中國。北條由陝晉高原，太行王屋，北嶽恆山，由碣石入海。

甲：“東臨碣石，以觀滄海”，曹孟德橫槊賦詩，一定有此慷慨豪雄之句。

乙：中條，經華山入魯南，另一支由荊州入大別山，南條由川北岷山經南嶽衡山到廬山。

甲：現代我們容易了解中國地形大勢，拿着衛星拍下來的照片，找幅玲瓏浮凸的立體地圖，怎樣“天傾西北地陷東南”，為什麼“一江春水向東流”，“人生長恨水長東”，通通都了然眼底。古人連"登泰山以小天下"的機會都不是常有，莊子的超奇想像，"列子禦風而行"，"搏扶搖而上九萬里"，現在小孩子都可以做到，可以看到了。

乙：比起現代，古人的地圖當然簡陋可笑，不過以那時的條件，也繪來不易了，有些還像現代的兒童地圖般，繪出了山脈、森林、甚至名勝古蹟的立體形象呢！山水地圖與風水地圖，目的雖然不同，畫起來，看起來，可以毫無二致。

甲：所以從前錢鍾書先生在《管錐篇》已經指出：就技法而言，六朝山水還屬草創階段，想必是採測繪地圖之法為之。又有人說：唐朝王維被稱詩中有畫，畫中有詩，他所交往的畫家張諲、鄭虔，都是風水地理學者。北宋畫家郭熙所著《林泉高致》山水理論，也和他"少從道家之學，吐故納新，本游方外"，甚至可叫執業風水之術有關。清初撰《畫鑑》三千餘言、專論山水的笪重光，也坦白主張山水畫家應懂風水人睛審度山川形脈，尋龍望勢之法。

乙：山水畫家是寫胸中丘壑，可以任意點染；風水人士要畫實際的龍砂形勢，不能隨意增減，兩者仍然是大有不同的。理想所宜有而實際所無的，就惟有想辦法補充、修正，以期望降福除災。例如你剛才提到的畫符啦、立石啦、建塔啦等等，不一而足，不過正如西諺所說："某人之肉，是他人之毒"，譬如說，甲村建了座塔，或者為鎮住煞氣，或者為興昌文運，乙村在旁邊，可能就認為這塔破壞了他們的風水，許多爭訟，械鬥，就是由此而生。

甲：因風水而鬧出人命，造成積怨，實在未見其利，先見其
害。有許多風水主張，無論是“形勢派”的觀察三條四
列，抑或“理氣派”的析述五行八卦，都往往模糊其
辭，荒唐其說，晦澀玄奧，令人不堪卒讀，不能置信！
實在是上古巫術的積澱！

乙：就以其中一種方法，所謂“五音相宅”，——由主人姓
氏屬於喉（宮、土、中）齒（商、金、西）、牙（角、
木、東）、舌（徵、火、南）、羽（唇、水、北）而推
算住宅吉凶——真是偽科學、荒謬可笑！

甲：奇怪的是大理學家程頤，朱熹以至晚清的啟蒙大師魏
源，都極信風水。當然，他們是從孝道考慮，認為地美
則神鬼安寧，子孫昌盛，彼此一氣相通，彼安則此安。
所以日本人也研究“家相”與“墓相”，就是中國的陽
宅與陰宅。

乙：問題是：為什麼同一祖先，子孫有盛有衰？如果加上了
佛教的報應輪迴之說，問題就更大——祖先的神靈早已
投胎往生，墳墓風水也和祭祀一樣，變得毫無意義。這
一點，我們談“心歪心弱心何主”時，到最後也談過
了。

甲：是啊。還有，許多人生前對父母不孝不敬，死了又講風
水、選佳穴，希望福蔭自己和兒孫，這不過是另一種形
式的利用，搾取父母的剩餘價值而已！孝在什麼地方？

乙：問得好！大政治家張居正——這人極精明能幹，可惜生
在明朝——就認為陽宅應該擇善地，陰宅就大可不必。
他舉例說：戰死的人，脂血吸收於草葬，肌肉啄嚙於禽

獸，骨骼荒棄於原野，有什麼風水好講？子孫卻也可能富貴顯赫而並不蒙禍。人死了，什麼都不覺不知，又有什麼安與不安呢？他強調：建城邑、築房室，要據形勢、相水泉、擇向背……都是為了生人打算而已！

甲：這是生態環境的考慮，古今中外同一道理。《說文解字》以"天道""地道"釋"堪""輿"二字，《易繫辭》說"仰觀天文，俯察地理"，地理堪輿就是風水。《詩經》記載周朝始祖公劉，帶領族人找尋新基地，相其陰陽，度其向背，觀其流泉，就是名符其實的看風水。孟母三遷，現代大學區、名校集中之處或者"風景這邊獨好"的住宅一定矜貴，從不例外。

乙：地靈則人傑，風景好自然風水好。不必看羅經，都已知道。不過，風水學說流行了這麼多年，也總有他合理的內核，否則它就不可能全不衰敗。我們是不是可以披沙揀金，撥開那一大堆迷信荒謬的糟粕，爬梳出一些地理學、氣象學、景觀學、生態學、城鎮規劃學、建築學、室內裝飾學等等方面合情合理的東西，來研究、保存、發揮？

甲：應該可以，尤其在某些西方學者鼓吹以後，近代許多中國人就是這樣奇怪，出口轉內銷。起初什麼都看不起人家：蠻夷戎狄。跟着什麼都看不起自己：全盤西化。然後偶然一個早已歸化了西方的人獲得世界性的榮譽，又說：啊，中國人，中國人，華裔之光。某個西方大人物出於客氣或者陰謀或者偏愛或者真知灼見而讚賞某樣中國東西，我們又立即飄飄然，**轟轟然**，歡喜雀躍，奔走相告。

乙：對。每一次有美籍華裔科學家得諾貝爾獎，那些論調又一次出來獻乖露醜。每一次諾貝爾文學獎又選不上中國人，又一大批人咒罵、怨恨。這都是國族自尊與文化自信失調的病態。

乙："西人也信風水"，"外國人都研究易經"，"波灣戰爭，聯軍統帥都推崇孫子兵法"……諸如此類。中國東西，何者有價值？什麼地方值得研究？中國人自己應該首先知道，應該最有發言權。不要又等人家說說，自己才一窩蜂如夢初醒，跟紅頂白。

甲：風水之學以往是陷於兩極——或者認為神聖玄妙得不敢探討，或者視作荒唐虛誕得不屑研究，它的迷信悖謬之處何在？沒有批判，它的合理成分有無？沒有發掘。直等到英國傳教士伊特爾（Ernest Eitel）的大作：FENG-SHUI: The Science of Sacred Landscape in Old China, 1883年初版！

乙：風水這種中國人普遍信仰，明清之際，以利瑪竇為首的那一批天主教耶穌會飽學之士相信也一定注意到；只是時代不同，條件未成熟，所以沒有伊特爾寫得這樣清楚。

甲：對。他把風水歸納為四大要點：理、數、氣、形。"理"是自然的總法則，"數"是萬事萬物的數值化，"氣"是由理與教釋放出來的能量，"形"則是反映着理、數、氣的一切具體事物。

乙：相當清楚。

甲：不過，十九、二十世紀之間的西方世界，一切都充滿了樂觀與自豪，在他們偶然憐憫地俯視之下的亞、非、拉古典文明，就像大英博物館裡面的展品，都只不過是好奇的對象，已經或快將成為過去。伊特爾眼中的風水學也是如此。這種宗教與科學的粗糙混合物，沒有精確的實驗，模式幼稚而怪誕，顯然是既陳且腐，快要消亡。

乙：經過了主要是西方霸道文化闖禍，而殃及全世界的兩次大戰，一部分歐美學者可能謙卑了點吧？

甲：也有幾位被稱為"漢學家"的吧。不過我們也千萬不必沾沾自喜，西人研究漢學，也有種種動機。他們的方法，當然有傳統西方式的專門、精密，也不免限於文化背景，不能延點為線、織線成面。有些因為出於禮貌、或者對西方文化因熟悉而自知其短、急求補償，或者對過往的侵略世界難免良知的自咎，結果對東方文化，尤其是中國學術，又從素來的輕蔑蕩向鐘擺的另一個極端：偏愛、溢美。

乙：希望李約瑟（Joseph Needham）並非如此。他二戰時來華工作，以後積數十年研究之功，寫成幾大冊的鉅著《中國科技史》，裡面也提到風水。

甲：這套書，以前海峽兩岸分別都有譯本，我們大家都約略翻過。他喜愛道家與道教，《道藏》裡面就有不少風水之書，齋醮，符籙、祝咒、照妖鏡等等與風水有關的東西，也是道士們的把戲與法寶。

乙：不過他的講法也相當客觀精到。他引述查特利（Chatley）之說：風水是死者和生者所處宇宙氣息中的地氣取得和合的藝術。

甲：複合的長句子。精密準確的定義。典型的西方文化產品。

乙：西方的希臘人，雅利安族的印度人，發展偏於分析的機械原子論時，中國人就發展有機的、綜合的宇宙哲學，他說。

甲：天人合一。天地大宇宙，人體小宇宙。

乙：對。中國傳統文化，儒道互補。儒家道家，都着重如何把生命與自然融為一體，而不像西方傳統的：人與自然對立，要征服，要鬥爭；結果，破壞了環境，影響了生態，到近年才稍知悔改。

甲：道家主靜，要靜觀萬物的自然本性。儒家就強調人與自然的互動，"生生之謂易"，"天行健，君子以自強不息。"，"剛健中正，純粹精也；六爻發揮，旁通情也。"

乙：文言文太多，似懂非懂。我猜就是維持核心的動力，而又協合環境的意思。

甲：風水就是一種協合環境的、哲學、科學、藝術的混合品，可惜主於實利應用而疏於嚴格、細密的抽象思辨，又沒有客觀、精確的實驗證明方法，局限於類比，只注重宏觀，任意推演象數，穿鑿附會，什麼"龍穴端正，富貴天定""前尖後峰，富貴三公""明堂掌心，積玉堆金""四畔山飛，父子東西"，以偶然為必然，以個別為全稱，結果一塌胡塗，謊話連篇，為有識者所不齒。

乙：廣東俗語："風水先生呃你十年八年"，"呃"者騙也，人都對風水半信半疑，而又明知往往是騙局。

甲：人往往要被他人甚至自己所騙，然後才知悔改。你剛才所說近年西人悔改而重視環境保護，也是如此。有人指出，自二十世紀五十年代以來，西方工業發達國家經歷了"三 P 危機"——

乙：那三個"P"？

甲：Population人口爆炸，Pollution環境污染，Poverty資源枯竭。重新覺悟到人也是自然的一分子，過分侵害自然，一定被自然反撲。

乙：唉，人家漸漸覺悟，我們當年還戰天鬥地，大叫大嚷圍湖造田，結果近年長江化為黃河，一次又一次特大水患。

甲：沒有水患的地方，也有瘋牛症、禽流感、毒煙毒霧、輻射增強、紫外線厲害、烏腳病、各種癌症……

乙：風水不好。

甲：名符其實的風水不好，所以，環境生態學，生態建築學等等新興的、跨部門的、協調整合的學問，應運而生，中國傳統的風水之學，也蒙受注意了。

乙：既然如此，舊的風水之術，就讓它淘汰；新的風水之學，就祝它興旺吧！

十三、家鄉小炒六和菜

餐前醒胃菜

甲：壯志飢餐胡虜肉，笑談渴飲匈奴血。

乙：悲壯！悲壯！又想起岳飛嗎？

甲：不是，不是。我是想起飲和吃。

乙：對民族英雄，未免有點不敬吧？

甲：《滿江紅》詞是否岳飛所作，不是沒有爭議。不久前，有個時期，有些人還說岳飛壓制農民起義，破壞了兄弟民族感情哩！不過，今天我並非談這些。岳飛那時，金人仍然算是外族，侵略壓迫，弄到宋朝苦深難重。要反抗，要吃他的肉，喝他的血，這是義憤填膺，可以理解。不過，太古時期，人們還沒懂得用火，一切都只能生食。

乙：壯志飢餐牛馬肉，笑談渴飲雞鵝血。不過也不是只能生食一切。

甲：為什麼？

乙：偶然森林大火，燒乳鴿，烤羊腿，遍地都是。不必追逐，不必打鬥，隨撿隨吃，甘香脆口。

甲：而且不比隨時會肚痛的茹毛飲血。

乙：茹毛就是生吃植物，在不毛之地就無草可吃。飲血，瘋牛症、癲狗症、禽流感、都會感染人類。

甲：生食植物，當然有好處。維他命C，纖維素，就像大酒店的新鮮沙律。不過人家精挑細選，清潔衛生；山野小民飢不擇食，往往"絕情花"、"斷腸草"，飽嘗苦果，而看不到"讀書種子"。

乙：難怪許多人眼花花，一肚草。據說神農嘗百草，一日而中七十二毒。

甲：神農氏當然不是一個人，而是整個比別人農業技術先進的部族。總之病從口入，食物中毒真是家常便飯。

乙：起初也不知怎樣將"生米煮成熟飯"，直到結合了燧人氏的智慧，於是湯滾肉香，熟食時代就這樣開始。

乙：用火真是人類文明的劃時代大事，所以孟子說"民非水火不能生活"，古希臘也有保羅米修士的神話。

甲：是啊，從天上偷火給人間，就慘受酷刑，好一位文化烈士！

乙：烈字下面就是四點火。

甲：你查過燧人氏的出生日期沒有？

乙：他的電腦紀錄都被火燒了。周口店北京人的遺址，有柴草的灰燼，燒裂的獸骨，可能是第一批有人證物證的廚房垃圾吧。

甲：最早的熟食方法，就是學習森林大火——BBQ。

乙：對，只是現代燒烤，事前要醃，吃前要塗蜜糖醬料。不過烤焦了的部分，有致癌物質。

甲：太古人類平均壽命不到廿歲，好久以後癌症才成為人類殺手。

乙：不過也有問題。那時工具不精，切割不好，往往外面焦了，中間還是血水淋淋。要整件都熟，就大半件都早變了炭。

甲：辛辛苦苦打獵，獵得了一堆焦炭，實在冤枉。

乙：而且肚子不飽。聰明的人就發明了"炮"法——不是燒大炮的炮，是"炮烙"的炮。

甲：為飽而炮，因炮而飽。對，就是用泥土"包"了再加"火"，唸"刨"音。

乙：老兄精通文字聲韻之學，可敬可敬。

甲：那裡那裡。只念這些東西而移民海外，做乞兒也語文不通。

乙：所謂"教化雞"原本就是"叫化雞"，"叫化"就是"乞兒"。本來是偷了或者拾了人家不要的殘雞賸肉，用泥包了燒熟吃。所以又稱"乞兒雞"，後來美化了，改稱"富貴雞"。

甲：最初發明這個方法的乞兒大哥，一定贏得乞兒妹妹的敬佩，結為烈火情鴛。

乙：不可由燒雞烤鴨的原來主人的獨生女兒，因愛才而委身下嫁，將來更繼承整店生意嗎？

甲：吃了富貴雞，乞兒大哥當然有權發這個大夢。

乙：不過，每次都要包泥裹土，不如常用某一件泥頭石塊，燒熱它而把食物燙熟。熱力又持久，又平均。

甲：你真聰明，可惜生晚了幾千年，否則一定有無數石器時代美人，愛才下嫁，並且與你開店紅粉當爐，大賣"石板燒"。

乙：口福與艷福齊增，人才共錢財同長，好！不過燒烤吃多了，唇焦舌燥，要湯水解解。

甲：你又是一個主持中饋不足，要喝"阿二靚湯"了？對了，有人就截取竹幹近着竹節的部分——節者截也——弄成一個圓筒，可以盛湯，煮肉、煲粥。

乙：是啊。人人讚好，個個光顧。可惜竹不是隨處都有，又不耐火燒，耐火的石頭又太重。

甲：於是又有人發明陶器。上面口闊，容易取放食物，下面底圓，讓他受熱平均，名之為"釜"。

乙：可能有人心急偷食，給水汽灼得半死。養傷期間，靜坐思維，就發明了"蒸"法。

甲：這真是"釜"口餘生的可喜後果。有烤有炮，有煮有蒸，我們可以開店子了。

乙：慢着，慢着。只有一個"釜"，破了怎辦？

甲：破釜沉舟，想辦法。

乙：當初楚霸王項羽帶兵渡河，就是下了不勝無歸的大決心，所以勢如破竹，問鼎天下。

甲：楚國人春秋時代已經向北擴展，問周鼎輕重，要搬回去。

乙：對。鼎就是中央政權的象徵。本來是慶功祭神。烹煮大件甚至整件犧牲的容器，太貴重了，所以用青銅。

甲：就像球賽勝了，全隊人共同喝酒慶功的那個大銀杯。鼎的設計真好，主體就是一個大釜，下面三四隻高腳，可以在中間燒火，兩邊一對大耳，可以提起或者挑起。

乙：當然，太大太重的也不隨便搬動，所以固定在一個重要位置。

甲：對，一言九鼎。重要而且堅決。不過，鼎腳四面通風，氧氣供給容易，給風吹熄也容易。

乙：於是又發明竈台，而鼎不再需要腳就變成了鑊。

甲：鼎鑊甘如飴，求之不可得。

乙：唉，文天祥受任於敗軍之際，奉命於危難之間，精忠報國，真是苦命而可敬的丞相。

甲：中國第一位著名的丞相，卻是可敬而好命。

乙：誰？

（一）調和鼎鼐出良相

甲：跟你說一個故事。

乙：好。看看老兄"說書"的本領。

甲：紅燭高燒，喜氣洋洋。白馬王子娶了白雪公主。

乙：唉，又是這樣的開始。

甲：看見新娘子美艷如花，貴為一國之君的新郎哥不禁意氣風發。吃得齒頰留香，喝得開懷歡暢，於是召見主理今晚筵席的、陪嫁而來的大廚師。

乙：哦，西人式的禮貌。

甲："你的菜，做得實在好！好東西我也吃得多了，就是你做的最有滋味。"
"多謝主上誇獎。"
"告訴我：有什麼秘訣？"

乙：咦，有點聽頭了。

甲："不敢說是什麼秘訣。微臣以為，不外是一個'和'字。——就像我們祝願主上和家公主，琴瑟和諧，百年好合。"

"好一個'和'字！或者請你多解釋一下。"

"和就是調和。選定的菜式，與氣候、環境、以至吃的場合、吃的人物，要調和；每一道菜，主食和配料，以至蘸的醬、油，也要調和。至於營養、味道和人的身體，更要調和。"

"真有道理！要調和，有什麼具體原則？"

乙：是啊，有什麼原則？

甲："不新鮮、不合季節的不要吃。烹調的火候要好好掌握。本身很有滋味的──好像魚、肉、蔬菜吧──要讓滋味出得最鮮、最充足；本身沒有什麼滋味的──例如魚翅、海參、燕窩吧──要讓配菜、湯料的味道浸潤過去、滲透進去，讓它可口地進入胃腸，發揮它的營養。"

乙：是了！是了！從前我在一家餐館看過這樣的題字："有味者使之出、無味者使之入"，應該就是這個意思了。

甲：可惜你不是那新郎。大廚師就是這樣繼續說：

"對。就像主上領導國家，要讓使聲華燦爛的人，恰當地發揮他的魅力；也要誘導深藏不露的人，化'潛能'為'才能'，貢獻社會。"

"對呀！發掘好材料，在大鼎裡面，把它們調和、協合，於是構成一道好菜式，這不就是最高的'管理'原則嗎？"

新郎與廚師越談越投契，幾乎辜負春宵、冷落了新娘子。

乙：啊！你是說伊尹和商湯的故事了！大廚師用手藝吸引了大領袖，兩位大政治家合作，開創了一個大王朝。大師傅即是大師傅。

甲：這故事許多古籍都有記載，不過孟子就否認聖人之一的
　　伊尹，要用這樣的手法。

乙：現代講究"促銷自己"，似乎也沒有什麼不好。何況，
　　所謂"調和鼎鼐"，也與"燮理陰陽"一樣，從此成為
　　大政治家豐功偉業的美稱了。

（二）中華文化尚協和

甲：是的。"燮"即是"和"，協調、調和，永遠是政治的
　　大原則，也是中華文化的特色。

乙：我想起，伊尹之後大約一千二百年，距今大約二千五百
　　年，另一位偉大的丞相——晏嬰，也談及"烹調"與"政
　　治"共通的協和之理。《左傳》昭公二十年記載：晏子
　　對齊國君說：
　　"協和，就像羹湯，用水、火、醋、肉醬、鹽、酸梅，烹
　　調魚肉。淡的就增加作料，濃的就增加水分，總要味道
　　適中，讓享用的人，心情平靜、愉快。"

甲：是的。菜餚"和味"，"飲和食德"，身體就不會"違
　　和"；人倫調協，就不致"失和"。由"家和萬事興"到
　　"政通人和"，一切都"以和為貴"——所以故宮三大
　　殿，也名為"太和"、"中和"、"保和"，這就是中
　　華文化。

乙：《聖經》〈歌羅西書〉說："言語要常常帶着和氣，好像
　　用鹽調和"（四章六節）。原來以烹調為比喻，勸我們
　　"溫溫和和的待眾人"，本是普世的教訓。

甲："和"不是相同，是互相映襯，互相補足。主菜與配

菜，肉食蔬食與醬汁，都要如此。白切雞要蘸鹽油薑
茸，吊燒雞要蘸南乳汁醬。宣傳北京填鴨的人說：大
葱、大蒜、黃瓜等等，可以與燒鴨共起酸鹹平衡作用；
而且，其中的有效成分，可使膽固醇下降，黃瓜中的丙
醇二酸，還可以抑制體脂增加。至於薄餅、甜醬、更把
鴨香、葱香和合在一起，就形成特有的風味了。這都是
長期實踐的結果。

乙：更高的層次，應當是人工與天然的調和，以至兩種矛盾
的自然力量的協合。孟子說：“民非水火不能生活”，
水火原是勢不相容的兩種東西；“清蒸”的方法，卻利
用火力，化水為汽，溫和地瀰漫滲透到食物的肌理，於
是不炸不煎，原汁原味，人工作為減到最少，自然精華
保存得最多，到了一個微妙的時刻，離籠上桌，淋上一
些特別調合的葱絲、醬油，便是人間美味了。中國的各
式烹飪，稱雄世界；粵菜的清蒸海鮮，獨步天下，都離
不開一個“和”字。

甲：是啊。家人和睦，主婦做飯才有心情；廚房、樓面、以
至勞資賓主協合，飯館才有生意；交通、營運發達，飲
食業的採購、銷行，才沒有困難；不同族裔和諧共處，
居民才可以互嘗彼此的佳饌，這更是孟子所謂“天時不
如地利、地利不如人和”的最好說明了。

（三）從來百姓食為天

乙：有位朋友移了民到澳洲，時常邀我們到他那裡去逛逛。
他說：從前說“食在廣州”，後來說：“食在香港”，

其實，"食在雪梨"，也是天時、地利、人和三者協合的結果。天氣是溫爽宜人，景色是天下第一美麗良港，物產是質量俱富。四十年來，由南歐以至東南亞移民的流入，澳洲的飲食文化，隨之而多姿多彩。就以馳名世界的"港式"飲茶和佳饌來說：本地的魚肉蔬菜，本地的租金成本、加上了禮聘移民、"猛龍過江"的香港廚師，三大因素，再加上與其他移民名菜的競爭交流，結果食客口福絕不遜於香港最高水準，而消費廉宜得多，這是人所共知的了。現在連許多西人都在熟練地運用筷子之餘，大大稱讚"雪梨"這個城市的粵式稱呼，說連名字也特別清潤爽甜了。

甲："雪梨"是老一輩廣東華僑沿用的稱呼，另一些中國人，譯他做"悉尼"。

乙：其實都無所謂——堅持要用"悉尼"也好：中國人連齋菜也弄得可口，連不肯放棄美食的人，都跑進菴堂了。

甲：沒有人願意辜負自己的味覺與腸胃。食物足夠的話，人也樂於和親友分享。至於談論業務，也總在"摸着酒杯、有骨落地"之際，更加順利，更加愉快。中國人早就發現這個道理；加上耕地少而人口多——多年來耕地是只有世界的百分之七，而且越來越少；人口是世界的四分之一，而且繼續增多——吃飯問題，怎不變成當務之急呢？難怪長久以來，中國人以"吃過飯沒有"作為見面寒暄，《尚書·洪範》八政，"食"居其首；而《漢書·酈食其傳》所謂"民以食為天"就變成千古名句了。所以，老子論道，要"虛其心實其腹"，"聖人為腹不為目"，現代有執政者說：吃飽飯是最大的人權。應對四方，要"折衝樽俎"；歸政中央，要"杯酒釋兵權"；無為而治，要"若烹小鮮"，有事求神，有"先陳俎豆"；孔子論樂，歎"三月不知肉味"；孟軻談義，說"魚與熊掌不可兼得"。並非目覩，謂之"耳食"；不守許諾，謂之"食言"……"酒肉朋友"，是泛泛之交；"酒囊飯袋"，是庸碌之輩，開門七件事，完全與吃飯有關。難怪中國人被稱為食的民族。

乙：中國人被稱為"食的民族"，而"背脊向天人所食"更是我們耳熟能詳的妙句，於是除了飯桌子之外，所有四條腿的、以至兩條腿、沒有腿的，包括當初引誘人類犯罪的蛇、西人所謂人類最佳朋友的狗，下至於龍虱、禾蟲，一律烹而調之、食而甘之。

甲：近代作家夏丏尊在一篇"談吃"的文章中間說：別的民族的鬼，只要香花就滿足了；中國的鬼，依舊非吃不可。六道輪迴而墮入餓鬼道，就慘上加慘了。不但鬼要吃，神更要吃，甚至連沒嘴巴的山川也要吃。

乙：對呀。祭祀山川，有時用整隻羊，有時一個豬頭就夠了。回教、猶太教都說豬污穢不潔，中國的山川神鬼倒沒有這麼揀擇。

甲：唉！又可愛，又可憐的豬！不過從來最多吃、最易吃到的還是肥美的豬，所以"宀"下從"豕"，就成了"家"字。中國人又一向知道"獨食難肥"、"飲食所以合歡"，所以，家人之外，親友、同事、最好"有飯大家吃"，萬千年來，就很講究怎樣弄一大鍋好飯，給大家吃飽。加以神州地大人多，物質雖不算豐盛而品種也不少，於是就發展出各適物宜的京、粵、湘、閩、川菜幾大菜系了。

甲：對呀。試看誕生於十八世紀中葉、滿清全盛時期的中國第一古典小說《紅樓夢》，裡面描寫豪門大族人物多彩多姿的飲食文化活動，佔了全書三分之一的篇幅，其中食品的繁多，食具的華美，令人目不暇給。有興趣的，找原文來看看，一面重溫寶玉釵黛的愛情故事，一面摘錄、統計那些不斷出現在各回各段上面食品、食具、飲食前後的文娛活動名目，一定有許多發現呢。

（四）聖人飲食垂遺教

乙：現在《紅樓夢》早就是中外各大學中國文學的熱門課程了。前清時代，有許多家長還禁止子弟讀這類"閒書"，只許讀四書五經呢！

甲：其實，四書之中，《孟子》也大談"魚與熊掌"、"五十而食肉"。《論語》之中——真的在全書中間部分——〈鄉黨〉篇第八到第十三節，有趣地記載了我們這位萬世師表的飲食與衛生原則：最著名的講法，是："食不厭精，膾不厭細"——米穀不嫌舂得精，魚肉不嫌切得細。除去了穀殼、砂粒，米飯才易入口；魚、肉細切，才致"骨鯁在喉"，引致可大可小的病患。

乙：我們一同查查看："食饐而餲，魚餒而肉敗，不食"——米糧變壞，發出了臭味，魚霉爛了、肉腐敗了，吃下去一定中毒。

甲：對呀。"色惡，不食；臭惡，不食"——無論什麼食物，顏色難看，氣味難聞的，恐怕都有問題。即使不妨礙健康，也必影響胃口，不食為佳。

"不撤薑食，不多食"——薑可以醒神去穢，所以經常放在飯桌上，但不多吃。

"祭於公，不宿肉；祭肉不出三日。出三日，不食之矣"——參加國家祭典，不把祭肉留到明天才分贈各人。分得的祭肉也不留存多過三天。超過了三天的肉，就不要吃了。在冰箱雪櫃通行、防腐劑泛濫的今日，還不時有人吃了隔宿的飯菜食物中毒；孔子那時謹慎小心，不是聰明而合理嗎？

乙：還有："失飪、不食；不時、不食"——飯菜半生不熟的，恐怕病菌沒有殺清；燒焦了的，不只難吃，還會致癌，這些道理，我們是比孔子時代更清楚了。

甲：孔子好認真哩："割不正，不食"——食物不按一定方法切割，或者肌肉、植物纖維過於粗長，不能下咽；或者斷骨尖而利、結節硬而大，傷害了人，所以不可吃。

乙：有人說：做孔太太也不容易："不得其醬，不食"——其實醬料可以辟除原料的腥、臊、苦、澀等不良氣味，可以增加菜餚鮮味，賦予色、香，以至消毒殺菌。沒有合宜的調味品，儘可不吃；除非是飢不擇食吧。

甲：看看孔子食物種類的分配："肉雖多，不使勝食氣"——看了近年營養專家所揭示的"食物分量三角形圖表"，一定同意孔子的原則：每天所吃，穀類最多，其次是蔬果，再其次是肉類。肥的、甜的，放在尖端，分量最少。孔子這裡就替特別是經濟中上階層的人作了典範：肉雖然多，還是不要超過米穀。

乙：他飲酒也很有原則："鄉人飲酒，杖者出，斯出矣"——

古人對 Senior Citizens 原來也極為尊重，認為是 Valued Members of the Community；在“鄉飲酒禮”之中，待年長的退席，自己才跟着出去呢。

“唯酒無量，不及於亂”——酒量是因人而異的，不能説一定喝多少才會宜，總之不要醉，免得語無倫次，行為失檢，鬧出亂子。至於酒精中毒，影響肝臟，這是今日的常識了。

“沽酒、市脯，不食”——從外邊買回來的酒、乾肉，不吃。長期在衛生條例訂得周密，執行得嚴格的地方生活的我們，對這點可能覺得太奇怪吧。即使在今天，人們到某些地區旅行，不是仍然自備即食麵、自攜罐裝飲品嗎？

甲：孔子進食的態度，姿勢，也有講究。

“席不正，不坐”——對了，要到矯形骨科醫生、物理治療師那裡受勸導、受苦楚，才知道“坐姿正確”原來真的那麼重要，不太遲了嗎？飲食之際如果坐得蜷曲、歪斜，恐怕連自己的腸胃也立即抗議呢！

“食不言，寢不語”——口裡正在咀嚼東西，如果還不停講話，食物的殘渣，外噴則令人倒胃，跌進氣管更不得了。至於就寢時候不再動口，不止避免自己精神亢奮，難以成眠，還不致擾人清夢，累到彼此都沒覺好睡呢！

“雖疏食、菜羹，必祭，必齊如也”——即使粗米飯、菜湯，進食之前也必禱謝神明，而具態度也一樣誠敬，就如隆重的齋戒（“齊”）一般。凡事感恩，飲食之前更應當感恩。古今中外虔誠的教徒，一定同意這點。

乙：聽説二十世紀初期，世界人類的平均壽命才四十歲。八世紀時，大詩人杜甫還說“人生七十古來稀”。孔子在公元前五五一至四七九之間，能活了七十二歲，真不簡單啊！遺傳體質好（父親是位大勇將，母親年青身體好）、鍛煉好（從小家貧，什麼粗工細活都能幹，長大後身通六藝，射箭，騎馬都可以示範教學），同樣重要的，是講究營養均衡飲食衛生吧。

（五）一雙筷箸見陰陽

甲：有次，有位無邪而又無禮的美國少年人說：“你們中國大概古時也很窮很窮，買不起刀叉，所以就用兩根竹子扒飯吧？”
真氣死人！

乙：其實，我們也可以笑西人：“唉。你們一同吃東西了，杯酒言歡了，還是以利刀銳叉相向，不是劍拔弩張，太過好鬥，好殺嗎？”不過，我還是覺得不要鬥嘴。大家還是心平氣和，談一些道理吧。

甲：西方時興講Binary Opposition——二元對立，中國從前的《周易》、《老子》，發揮這套理論也十分動人。有與無、難與易、長與短、高與下、前與後、動與靜、得與失、是與非、進與退、開與合、聚與散……什麼都是一對一對，相反相成的力量或者現象，交織消長，簡單來說，就用“陰”、“陽”兩個符號代表：就像代數的“十”與“一”，電腦的“O”與“I”吧。“一陰一陽之謂道”、“萬物負陰而抱陽”，這就是幾千多年中國人的一個主要思想模式。華人的食具——筷子，可以說是這個哲理最淺近、最具體的表現之一。

筷子，古稱為"筯"或者"箸"；現在粵語還用之為量詞，有"一箸菜"、"一箸麵"的講法。"箸"又稱為"梜"，就是兩根小木條，夾東西進口的意思。"筷"者"快"也，筷子用得好，敏捷地遠夾近取，實在痛快之至。

或者找位喜歡解釋槓桿原理的物理學家來繪圖說明一番吧。且看：兩根筷子，一動一靜。"靜"的那支，固定在食指基部和拇指內側（即"虎口"深處）以及無名指上側這三點之間；"動"的一支，就夾在鼎立的拇、食、中三指尖端之間，如此一動一靜，長長伸出，"雙劍合璧"，像蟹鉗，像蛇口，像猴爪，像鶴嘴，夾、挑、戳、扒，什麼食物都可以取回碗中、撥入口裡了。

乙：當然：刀叉也可以講陰陽配合，叉子也可以單手運作，不過，比較起來，筷子到底是別有簡單與和平之趣吧。崇尚武士道的日本人，學了用中國筷子，又把它改短、削尖，這又成了另一種文化了。偶然看到一篇考據，說中國四千年前已用餐叉，西方在三百年前，基本上還用手扒飯。而在晚唐五代檯椅普及之前，中國人聚餐還是像現代西方的一人一份，並無"津液交流"之弊云云。如此看來，中西進食方式，也是互有進退了。

甲：現代中式宴會，也流行公筷公匙，佈菜分食了。就整潔衛生來說，當然是一大進步。常見那位"主持公道"者，單手用長柄的一匙一叉（兩匙或兩叉也可），以中、無、尾三指固定此一，拇、食二指活動彼一，一動一靜，夾麵取飯，兜汁分菜，無施不可，可以說是筷子陰陽原理的活學活用了。

（六）中式烹飪 "炒" 與 "鑊"

乙：進食的姿態擺好了，筷子放好了，跟着是——

甲：上菜。

乙：什麼菜？

甲：炸不如炒，炒不如蒸。

乙：誰說的？

甲：哦，個人口味而已。其實我很喜歡炒，夠鑊氣，夠香。
　　不過人到中年，應該高的不高——例如入息。不應高的
　　都高——膽固醇、尿酸、血糖、血壓。所以，尊重醫生
　　的意見，吃清淡一點。

乙：蒸炒實在各有好處。可以鮮魚兩吃：蒸頭腩、炒球。
　　"清蒸"是粵菜烹調海鮮的最高藝術，"熱炒"則是中國
　　烹飪的常見方式——原來也是特有方式。英語因此另造
　　Stir-fry 一字，以示和他們用平底鍋煎製肉扒的方式有
　　別，而那個與 "炒" 相連的特有工具、中式廚房的炊具
　　之王，鑊，也就只有拼音模仿，名之為 "Wok" 了。

甲：記得文字學老師說過：鑊的前身就是三足之鼎。"鼎"
　　字楷書仍然象形，篆書就更似了。三足是最經濟的支持
　　力量，下面置火，左右兩個大耳，可以穿棒抬舉或者兩
　　手提持。鼎內可以放置成塊大肉甚至整頭動物，古人重
　　視犧牲祭祀，整個鼎就可以放置神前，"原鍋原汁" 地
　　獻上，以示誠敬，所以，上古鑄造的青銅大鼎，還成了
　　朝廷寶器，世代相傳，春秋時崛起南方的楚，還進兵中

原，要"問鼎之輕重"，想捧回代表最高統治權力的"九鼎"呢！

乙：保存許多古音古詞的閩南語——例如潮州話——還稱炊具為"鼎"。古代有位仁兄，看見鼎內東西，就"食指大動"，"染指其中"，一於偷吃，鼎也有方形而四足的，不過論材料之經濟、容積之大，受火面之廣來說，還是以三足、半球形腹為多。這樣的鼎，放在竈上而不必再有三足，就是稱為"鑊"的大鍋了。

甲：中式烹飪，真是離不開鑊。蒸、炸、煎……項項皆能，不過拿手好戲還是——炒。

乙："炒"字真好。從"火"從"少"。煙"火"要猛、要旺，像青春年"少"的火。不是老火，所以時間不要多，要"少"。

甲："炒"字的聲音更好。鑊剷一落，接觸鑊身摩擦，開首像"ch-"的發音，順着鑊的彎圓腹底趁勢弧形地一兜，像口形微圓的"-au"韻。一炒再炒，"ch-au"而復"ch-au"，在圓底的鑊裡，在鑊面的半空中，菜餚的種種成分，就混合而又平均受熱；到某一刻，剛剛弄熟，菜鮮、色正、味好、營養齊全，鑊氣十足，其香撲鼻，使人食慾大增——炒得好！

　　——當然，解除僱傭關係，捲起床鋪被蓋像炒起的魷魚，也簡稱為"炒"。

乙：這個字的用法，是起於粵諺而通行於華人世界了。不過粵菜還有一個特色：是烹飪藝術本身以外的。

甲：是什麼？

乙：命名藝術。中國歷代崇雅尚文，在菜餚命名上，也充分體現教化，質樸的，就如許多西餐一般，直接指明它的材料、品質、味道、形狀、以至烹飪方式；菜美的，就以"銀芽"、"玉樹"、"白雲"、以至"麒麟"、"鴛鴦"、"雜錦"等等絢麗的字眼，作為描述，典雅含蓄的，就如"太極飯"、"羅漢齋"、"一品鍋"、"老少平安"、"法海蒲團"等等。至於新春粵菜，更是語貴吉祥，迂迴附會，非解釋不知其為何物了！雖則如此，一個詞藻優雅、聲韻鏗鏘的名稱，看起來賞心，聽進去悅耳，配合了菜餚本身的形、色、香、味，再加上環境、佈置、食具，以及友善的招待，真是"全方位"的享受呢！

甲：是呀，《禮記·中庸》引述孔子的話說："人莫不飲食也，鮮能知味也"——人都要喝要吃，真能通曉飲食文化、烹飪原理的卻少之又少了。

甲：我想起十個常用字，從它們的結構本義，也可以看到一些傳統飲食文化的訊息：

甘——口裡含着有滋味的食物。

香——禾黍甘香。

美——肥大的羊。

味——口邊有香、熟的禾。

鮮——西北烤羊，東南蒸魚，水火和合，天下美味。

合——眾口齊一、"口"上那個三角形就是"齊一"之意。

和——眾口合共食和，是形聲，也是會意。

卿——甲骨文像兩人對食。唐朝以前，中國人是席地而坐，雖無"檯腳"可"撐"，賓主圍爐共飯，倒也"卿卿我我"。

家——"宀"是房舍，裡面有豬（"豕"）；有吃有住，算是家了。

食——甲骨文像人俯首進食；小篆"食"字上部是"齊一"（就如前面的"合"字），中部是米穀形狀，下部是飯匙。可見中國人早就主張"獨食難肥"、"有飯大家吃"。

乙："甘香美味鮮，合和卿家食"。好！

甲：食什麼？

乙：要答覆你，我又想起清代大才子袁枚的《隨園食單》，向來被推為集大成的"知味"之作，所載其中一味"奇菜"，名字也有趣之至——它是：先將雞蛋打孔，流出蛋白，不要蛋黃。把蛋白拌同雞汁打勻，再灌進原來蛋殼，蒸熟之後，去殼上碟，是晶瑩鮮美的一個——

甲：一個什麼？

乙：混蛋。

十四、海外僑教說難為

甲：老兄移民海外，宣揚中國文化，可敬可佩！

乙：那裡那裡。小弟年紀漸老，退休恨早，英文不好，不懂電腦。在香港用粵語混了幾十年，現在真是淡水蝦掉進了太平洋，只好閉氣縮身，苟延殘喘。

甲：唉。移民加拿大的，說那邊"艱難大"；跑往美國的說，"國旗花又花，只是工難打"；溜到澳洲的，又說："雪梨樣樣好，可惜冇嘢做。"

乙：不要寫粵語，不是廣東人，不一定看得懂。

甲：對，對。"雪梨"又譯"悉尼"，"冇嘢做"就是沒有受薪的工可作。

乙：中國地方大，省區多，方言雜，海外華人之間，於是分成許多小圈子。彼此之間溝通，往往要用英文。下一代ABC，更只懂ABC；BBC，只看BBC；CBC，只講CBC。

甲：C－C－C，什麼意思？

乙：美國或澳洲土生華人，謂之ABC；ABC也代表英文字母，或者美國或澳洲廣播公司。

甲：哦，我明白了。BBC就是美國土生華人，以及英國廣播公司。CBC就是加拿大出生的炎黃子孫了。

乙：聰明、聰明。老兄如果早年在那邊長大，一定中英文都字正腔圓，選上議員，當了部長。

甲：你過獎了。客氣的結論可能下得太快。有人長於推算，有人精於圖像，有人巧於政治，有人擅於言語。

乙：對。所以有人很快就適應外國生活，有人入了籍許久，仍然覺得所居之地是外國。有人一生都戀戀故國文化，有人從小只講當地語言，到老也學不來中文漢字。

甲：稟賦所限，環境使然。

乙：再加上所謂"海外"，多半是指華人移民熱點的美加澳洲，這些地方，都是英語地區，而英語又是當今世界最重要的國際言語。以整個世界來說，說中文的華人雖然最多，但在這些地區，仍然是少數民族，弱勢言語。

甲：言語是傳播文化的最重要工具，在海外而宣揚僑教，其難可知。

乙：為難之處，就出在"僑""教"兩字。

甲：為什麼？

乙："僑"就是"寄居"，於是免不了過客心態。"教"就牽涉到實用與精神兩方面的價值觀念，於是中華文化與所居地主流文化的優劣問題又放上桌面。

甲：對。同樣寄居，大兀鷹寄居在小樹林，不要緊。翱翔上下，威鎮八方。

乙：從前那頭國際大兀鷹——英國，領土遍於全球，霸權雄於四海，國旗無落日，語文到處通，一點問題都沒有。

甲：英國衰落了，他的表弟，那個以白頭鷹為國徽的美國繼之而起。跑遍五大洲，到處有人用鸚鵡學舌的各種腔調的美語英文，趨逢迎合。你看殖民地時代的香港，在英美是個小癟三，到了港九就成為大哥大！

乙：是呀，難為的是被統治者，不是統治者。在舊統治者餘威猶在、或者舊統治者的兒孫佔了多數，當家作主的地方，昔日的被統治者或者其他少數族裔來到"僑居"也好，定居也好，都一定要入鄉隨俗，好好適應環境。

甲：台港大陸的人到了美加澳紐，就是這個情況。法理上是公平——否則也不會來了。心理上是難免磊落不平。頭髮、眼睛、皮膚、語言、風俗、歷史、什麼都不一樣，人都知道要"投入"、"參與"；寄人籬下的感覺總是難免。

乙：背地裡被人辱罵為"清國佬"Chink，最近有個"雪梨"副市長——不是大"雪梨"，是小小的華埠一帶而已，不過總算有個華人牽帶上了"長"字級——被人在宴會致詞中公開貶稱為"黃面佬"Slopy，還要強顏歡笑，唾面自乾。

甲：唉，這是人性。廣東話何嘗不稱歐美人士為"番鬼"、"鬼佬"，香港人何嘗不叫人家"賓妹"、"阿叉"！

乙："賓妹"比"菲傭"稍差一些，不過也還算可以接受，"阿叉"或者"摩羅叉"，在古印度文就是魔鬼、夜叉之意，就很難聽了。不過香港端午賽龍奪錦，從前西人也組隊參加了許多年，自名為"番鬼"、"鬼佬"，可惜技術欠佳，年年落水。

甲：他們心理上、社會上，早已極有安全感、優越感，自嘲一下，反而表現風度。弱勢民族被人侮辱性稱呼，就傷口撒鹽、雪上加霜了。

乙：口頭侮辱還好，東南亞許多地區，排起華來，身家性命都大受威脅，還談什麼中華文化！

甲：對呀，譬如印尼，六十年代中期政變大衝突，從此禁絕中文書報，又強迫華裔國民一律換名改姓，到一九九八年中，更發生大暴動，殺人放火，姦劫搶掠，真是不知人間何世！

乙：菲律賓也擄人勒贖成風，受害者十居其九是華人，許多連案都不敢報呢！澳洲東北昆士蘭省有個白種女議員，號召排斥亞裔，幸好大多數西人不為所動，華人還醒覺而立即組黨迎抗。

甲：究竟是民主、法治、教育，都上了軌道的地方。其實美加澳紐等等地區，容許我們移民，滿街亂跑，亂說各種方言，亂辦電台，報紙，已經是很有“多元文化”的器識與胸襟了。這一點，伊斯蘭教的開明有識之士，可能也痛心疾首。

乙：回到我們對話的本題。所以，難處之一是個“僑”字，難處之二是個“教”字。

甲：誰去教？教誰人？教什麼？怎麼教？

乙：對。什麼都是問題。本來現代已經是一個成年人不信教、小孩子不聽教的時代。價值觀念的迷失，從上一代影響到下一代。世界各國，這問題深重而且普遍。

甲：中國人在中國，西人在歐美澳洲，這些問題早已又多又煩，中國人而拖男帶女，移澳遷加，那問題就一定更加複雜了。

乙：不錯。宗教的“教”嘛，人家理論上是基督教國家，虔誠的信徒仍然不少，離開傳統教會而信那些亂七雜八東西的更不少。許多西人教堂殘破了，信眾老化了、零落了，就租給甚至賣給亞裔移民團體，作為宗教和社交中心，懷舊的精神慰安所，興旺了一陣子；到下一代成長，滿口英語而大多數不懂中文，也大多數不喜歡中文，於是又要設立英語禮拜——沒辦法：小孩子們上課，交朋結友，都只用英文。

甲：所以，學校教育之"教"，也是普世採用的英語，佔盡上風，近年電腦資訊科技一日千里——應該說半日萬里了，更加如虎添翼。

乙：聽說現在老虎快要絕種，鯊魚、麻鷹的日子也不大好過。海陸空三大霸王退位在即，也不知"如"什麼"添翼"了。

甲：總之，從南京到東京，從香港到鹿港——

乙：鹿港？

甲：台灣中部海邊，一個城市，清朝前期很繁盛，到現代還出過不少才子才女哩。總之，從台灣到荃灣，從巴西到巴黎，英語流利，路路皆通。

乙：聽說法國人很有文化自豪，而且氣忿英語後來居上，所以堅決不講。你用英語問路，他答以法文，指東劃西。

甲：形勢比人強，也不由他們不漸漸軟化。事實上，你看電視上，不論你到北歐欣賞白雪，到南非訪問黑人，到印度高臥泰姬陵，到埃及遙看金字塔，最普遍的國際語言，都是英文。更不必說在美加謀生就業，在澳紐申請福利救濟了。

乙：或者我們精神境界可以高一點，不必限於日用飲食，娛樂旅遊之類。

甲：絕大多數人不是哲學家，而研究比較文學，探討不同信仰，欣賞各國古今藝術，我們也離不開英語的書籍圖冊、錄音帶、錄影帶。唉，可能上帝他老人家，也說英文。

乙：不要拿上帝開玩笑。不過許多教徒都深刻思考聖經《創世記》"巴別塔"故事的意義。為什麼統一語言，人類就更驕傲自大？為什麼上帝要變亂口音？

甲：對。發音器官構造相同，食物、氣候、地理，也沒有什麼影響，為什麼同是人類，語言的發音、詞彙，竟然千差萬別？

乙：同是英語，倫敦的、威爾斯的、美國的、澳洲的，都大有不同。最要命的是語法的差異，反映了思想方式的差異。德語法語的性別、位格比英語更複雜，英語的時態、數目，許多是中文所無。日本人講話，動詞放到最後，而主詞又往往隱藏，所以不聽到最後，你不知道他是愛你還是恨你，而可能始終不知道誰打你、罵你。

甲：其實我們已經進入了"僑教難為"的第三個字。

乙：一個"難"字。

甲：總結一下我們剛才所談的情況。僑教難為，其實可說是所有海外華裔社群的共同現象。

乙：對了。情況很清楚：第一代移民生於赤縣神州，長於中華文化，或多或少總有寄居心態；自幼來歸甚至土生土長者就並不如此。在情在理在法，都要融入當地，都與絕大多數的碧眼黃髮玩伴小友認同。中文，並不是最親切的語文；學習中文，是無甚必要、甚至無此需要的負擔。即使父母苦心孤詣、循循善誘，儘管父母聲淚俱下，威逼利誘，效果也是事倍功半，甚至徒勞無功，最後無可如何地放棄。

甲：中英文的距離已經甚大，繁簡字之殊、國粵語之別，更使學習的困難和心理上的抗拒大大增加。

乙：我們是由"難"的外在理由進到"難"的內在原因了。文化的自賤、錯誤的認識、魯莽的手段、政治的分裂，造成四十多年來漢字文化圈"簡體字橫行"和"正體字頑抗"的對立局面。沿用正體的港台近年財雄，推行簡字的大陸一向勢大。勢大的大陸近年也漸漸多財，香港回歸，文化的面貌也難免更改。正體字源遠流長，簡體字似乎寫來容易，於是，各不相下的局面仍然維持，苦的只是要學中文的小弟弟。

甲：小弟小妹們年幼學語言雖然很快上口，不過，並非許多地方都像香港這樣有政府鼓勵"二文三語"。

乙：對呀。民主社會隨着不同的政黨政府上台下台，"多元文化"的聲音也就或低或高，海外華人究竟是少數族裔嘛。而且，同屬華裔，因來自港、台、大陸、星馬而文化背景不同，國粵繁簡的差距依舊存在。有位朋友年前參與澳洲最大的華裔社團澳華公會改革他們唯一的中文學校，依大多數家長意願把教學文字改簡歸正，因為"學繁識簡"對兒女的好處大得多，"學簡識繁"就很不容易。怎知，最大的反對者竟然是某些教師——因為他們自己不懂正體字！

甲：最現實的鼓勵還是：學了中文好做生意！

乙：是的，中國以至亞太區的經濟雖然有起有伏，那人口與市場、勞動力與消費力，始終是很大吸引的。不過，許多人為了自己繼續賺錢而太太兒女有較好的所謂生活品質，於是奔波於原居地與僑居地之間，結果又產生文化差距，擴大了兩代差距。

甲：你身歷其境的經驗比較我多，說來聽聽。

乙：近來認識一位從上海到澳洲的朋友。他爸爸精通英法文字，反右時抑鬱死了。這位朋友"文革"時期也因為懂外文而受到不少猜疑與打擊。他名叫洪丕柱，一位才學很好的作家。

甲：好在這些都應該過去了。

乙：對。但他已經千辛萬苦到了澳洲，從勞力小工做起，奮鬥了好幾年，再考上當地的碩士，做了講師，太太為了幫補家用，也在周末教社團小學的中文。

甲：不少人都是這樣。那些學校通常只在周末上課。校舍是借正式學校的。

乙：有一次，她出了個作文題目："我的爸爸"。

甲：唉，我們所有人從小都寫過起碼十次了。

乙：學習作文，從親切熟悉的人、事、物寫起，仍然有道理。為了怕學生三言兩語，敷衍了事，她特地規定，要在作文中至少包括幾個方面，如描寫爸爸的外貌、職業和工作、性格脾氣、愛好以及對他的感情等等。

甲：結果如何？

乙：她說，考題一發下去，就有學生議論："要我描寫爸爸的外貌？我都想像不太出他是怎麼樣的呢。我每年才看到他幾次。"

還有的說："我爸爸的性格脾氣？他脾氣古怪，每次來看我們，什麼也不問，只問功課怎麼樣，如果功課不好，他就大罵，有時還打我。"

還有的説："我不知道我爸爸有什麼愛好。他喜歡睡覺和開車，回來那幾天，總陪媽媽在房裡睡覺，要不他就開車出去。"

甲：民怨沸騰，抗議四起。

乙：也不致於這麼誇張。

甲：你的朋友應當奮起助妻，處理作文，責無旁貸。

乙：對。洪先生也忽然來了興趣，自告奮勇要同她一起批改這些考卷。結果發現，這些學生的爸爸，大多是商人、做生意的，或做生意為主兼做教師、工程師、建築師的。他們大多是來自港、台、新、馬的華人移民，把老婆孩子安頓在澳洲後，就大半時間回到原居地，甚至到中國大陸，繼續賺錢了。

甲：太空人——新興一族。

乙：對。錢是繼續賺了，但也往往付出沉重的，金錢以外的代價。

甲：婚外情？夫妻反目？又一個家庭破裂？情仇慘殺？

乙：有，有。但現在不是談這些。只説透過小孩子的文章，看看文化差異與兩代矛盾。

甲：對不起，暫時不插口，你詳細覆述一下。

乙：洪丕柱先生説得很細緻：這些學生對爸爸性格的描寫包括"沒耐心"，"常發火"，"性格很古怪"，"脾氣很不穩定"，"挺懶惰，整天吃、睡、看書"；只有少數説爸爸"脾氣不暴躁"，"臉上經常有笑容"。
關於同爸爸的感情呢，多數的描寫是："常常打我"，"喜歡罵我們"，"管得很嚴"，"管得太多了，雖説是為我好，可我還是不喜歡"，"整天要我們抄中文"，

248

"要我們肅靜","不讓我出去玩","如果功課不好，他就要大罵","我覺得他很討厭"；還有個學生說"爸爸和媽媽常打架"。少數說"對我還不錯","有時也帶我們出去玩，這是他最好的地方"。

關於爸爸的愛好，描寫就更離奇了。一個學生說："爸爸最大的愛好是打電話，他在電話上說話的最高記錄是三小時。"比較普遍的描寫包括喜歡打麻將牌、看書、喝酒、抽煙、做菜、上酒樓吃飯、開汽車、坐飛機，少數說爸爸愛打高爾夫球、種花、釣魚。有意思的是，10個學生中竟有4個說爸爸的愛好是睡覺："他天天都是吃、睡、看書"；"他喜歡睡覺、看書，餓的時候就做東西吃"；"跟別的爸爸一樣，我爸爸也喜歡睡覺"；"爸爸可以整天都睡覺"。

甲：其實從我們這些在中華文化中長大的人來看，這些爸爸都很正常。一年到頭在外辛苦做生意，難得回家一次，睡覺休息看書放鬆放鬆，做點自己愛吃的菜或上館子慰勞自己，也許還得同朋友和生意上有關係的人聯絡感情，所以打電話、開車出去完全可以理解。至於對孩子，有望子成龍的傳統的華人最關心的當然是他們的功課，而打罵又是一些華人教育孩子的基本方法。

乙：洪先生說得對：孩子所盼望的卻不是這些。他們希望難得見面的爸爸至少對他們提供一些他們所渴望的親熱和父愛。大失所望之下，自然會覺得爸爸脾氣古怪而討厭了。

甲：其實，中國歷史上一直有家主公外出做生意賺錢，把父母、老婆、孩子撇在家裡的傳統。直到上世紀，飄洋過海到國外做生意、淘金的華人仍保持着這種做法，挖到金子、賺了錢，回國探親置產，不在異國生根。現在情況正好倒過來，舉家搬到國外，把家眷安頓在國外，家主公再回到國內去做生意賺錢。

乙：你的話正是洪先生的話，他説：別看這只是轉了個向，這個方向變化，對家庭和孩子的影響絕不能低估。過去中國人生活在封閉的社會裡，生活內容簡單，加上封建禮教的束縛，孩子又在母文化中受教育和成長，不會發生多大問題。現在，孩子生活在開放的異國文化中，大半時間説着英語，受異國學校教育，對母語和母文化越來越生疏，雖然和母親同住，但她們由於英語能力及對異國社會和文化的了解和深入有限，大多只能對孩子起照顧生活的保姆式作用，在他們的思想成長和價值觀念的形成中很少能起着影響的教育性作用，最多是每星期把他們送到周末華文學校上幾小時課。

甲：孟子早就説過："一楚人傅之，眾齊人咻之"。華文一定學不好，再長大一些，反叛性強了，就一定不肯上學。

乙：對呀。同學們都打球、玩樂，我為什麼要上這些枯燥無味、又無用處的中文？溫馴的可能也説：星期天又要上教會，事奉團契，沒有一天休息了。而且，功課確也越來越忙，媽媽一心疼，就又算了。

甲：大吐苦水，似乎差不多了。究竟如何是好？

乙：我們第四個字，"難"字之後是什麼字？

甲：一個"為"字。

乙：對。天下間似乎沒有一件事可以真正沒有難處。"易如反掌"也首先要有手掌,而且手骨掌筋,都沒有畸形、沒有病患。

甲:對呀。試看那些機械人的臂腕指掌,多少電線,多少關節,還遠遠比不上真正的肉體那麼靈活巧妙。

乙:講下去我們又要歌頌造物者了。不過,"天助自助者",我們還是要"謀事在人",研究怎樣在海外保存一點、推廣一些中華文化——起碼,學習一些中文。

甲:事在人為。首先要有思想的武裝,有正確的觀念。

乙:現在許多人,特別是海外華人,覺得中文沒用,中文落後,中文難學。

甲:採用中文的佔了世界人口四分之一,中文紀錄了世界上唯一延續了五千年,到今天仍然有活力的文化,能說"沒有用"嗎?

乙:對。語文是否落後,決定於它的文化內涵,決定於他的容受與更新能力。中文如果可以繼續承載歷代賢哲永恆的、普世的人生智慧,中文如果可以透過翻譯、借詞,而豐富它的表達內容,中文就不會"落後"。

甲:談到"難學",這又關乎方法與環境。當然,一開首,英語之類拼音文字確是方便快捷,學了廿多個字母,什麼字都可以拼串出來。查字典、檢目錄、編索引,準確迅速,遠非中文可比。不過,英文字彙因為拼音組合,於是無限膨脹,學不勝學,也是一個極大的問題。

乙:英文是先易後難:難在生字無窮無盡;中文是先難後易:易在只要掌握了兩三千字,一切生、新詞語都可以用熟悉的字組成。

甲:舉例解釋。

乙：先學識“馬、牛、羊、豬”和“公、母、幼、野、肉、油、毛”等基本字，然後相配，一一和英文對應，你看看：

公馬 stallion　公牛 bull　公羊 ram　公豬 boar

母馬 mare　母牛 cow　母羊 ewe　母豬 sow

幼馬 pony　幼牛 calf　幼羊 lamb　幼豬 pigling

野馬 mustang　野牛 buffalo　野羊 goat　野豬 boar

馬肉（horse meat）牛肉 beef　羊肉 mutton　豬肉 pork

馬油（horse fat）牛油 tallow　羊油 suet　豬油 lard

馬毛（horse hair）牛毛（ox hair）羊毛 wool

豬毛 bristle

甲：中文十一個字，配出英文差不多三十個詞，個個拼串不同，死記硬記。雖說有些也是根據希臘、拉丁或者其他語根來配合而成，可以一望而知，例如 telephone, grammophone, telegram, telescope, microscope 之類，究竟遠不如中文方塊字可以靈活配搭，像小孩子的膠積木一般，自由組合構成新詞新語。

乙：如果用三個或以上漢字構成的詞，就更多了。我們都用現成的字，英語就要另創新字了。在紐約用英文教了四十多年大學的唐德剛教授說：不認識五六萬個單字，就沒法看懂紐約時報。他現在每天仍然在頭版發現四五個生字，非有一本最新的大字典，不能了解。

甲：目前英語詞彙，恐怕已經超過一百萬，而且還在不斷急速膨脹！那些使人望而生畏的科技、醫藥新詞，據說《牛津大詞典》都不敢收錄！

乙：有位蘇誠忠在澳洲昆士蘭一份《中國文化專刊》1998年

9月號裡發表一篇好文章《四聲對二十一世紀的貢獻》。他指出從二十年代到八十年代，五十年間，《牛津大詞典》的常用詞增加了四萬多，他說：目前牛津詞典載有約三十萬詞條。試想，一個新生兒從落地那天起，每天記十個單詞而不忘，那麼，到他八十歲生日時，他剛好記完這些詞彙（10 × 365 × 80 ＝ 292,000），若要記些科技詞彙就要到八十歲以後再説了，更何況，英語詞彙幾乎每個詞都有好幾種意思，例如 BACHELOR 一詞代表 1、單身漢，2、學士，3、雄（獸），4、僱用。假設平均每個詞要代表後三個意思則三十萬單詞所代表的是九十萬個意思，而中文對所有這九十萬單詞都能找到相應的詞彙。且中國人並沒有感到吃力。

甲：有道理，有道理。

乙：他還説：除此以外，有很多意思根本就無法用英語表達。例如：uncle 一詞可以譯成中文的伯父、叔父、姑夫、舅父、表叔、姻伯等十幾種稱呼。這是因為中文中的親屬稱呼是由三十幾個字組合成的，誰都沒有感到記憶的負擔。這些詞中的大多數可能一輩子不用，可是想用時也並不困難。反之，英語卻要創造幾百個單詞，如果其中的大多數也一輩子不用的話，豈非棄之可惜，食之無用？

甲：《牛津大詞典》不敢收錄科技詞彙，看來正是這個原因。

乙：對。他們説："當今世界，科技詞彙層出不窮，這些詞彙成詞的速度與其消失的速度一樣的快，因此《牛津大詞典》沒有必要，也不可能收錄。"蘇先生在這裡作一個對比，有本《英漢科技詞典》有一百五十萬詞條，這是一部中英文詞彙對照的典籍，它並不是字典，奇怪的是任何一位中國的高中畢業生都能弄懂上面絕大部分的中文詞彙，即使是弄不懂的那一部分，他至少也能從幾個字中得到一感性認識。相反，沒有一個只講英語的教授能對該書的英語詞彙做到這一點。所以，蘇先生結論說：人都說中國字難學，但至少它是有生之年能夠掌握的符號系統。

甲：以上我們談的是學理，心理上的問題，海外華人子弟唸中文，還有事理上的困難，就是學習環境欠佳。

乙：這點要分兩面說。當然，除了大都市的華埠，不能像大陸、台、港般，滿街都是中文招牌，像我們幼年時候，拖着大人的手，指指點點，認識生字。報紙雜誌的水準比較低，書籍也比較少。不過，近年隨着移民增加、資訊發達，情況已經大為改善。美國的三藩市、洛杉磯，加拿大的溫哥華、多倫多，澳洲的雪梨、墨爾本，許多華人聚居之處，港台甚至大陸的書刊，滿街都是。何況，連這些大都市的人口密度，都遠低於台港華東華南，郊區的居住空間，更是寬敞良好。有心人在家裡多放一些中文圖書、影音設備，以至優雅的字畫對聯之類，耳濡目染，潛移默化，不信兒女對中文沒有興趣。

甲：父母兄姊以身作則也重要。"溶入當地文化"並不需要以拋棄本身文化為條件。不論發展事業、廣交朋友、豐富本身文化生活，兼通中英文，當然大有好處。

乙：對。論到國粵語的差距，繁簡字的不同，比起中英之別就小得多了。

甲：天下無難事，只怕有心人，好！不過也要想想具體辦法。

乙：中國地方比歐洲還大，歐洲幾十個國家，不知多少言語、文字。海外華人的主要方言不外幾種，文字原本是統一的，現在也不過是繁簡二類，而且現在字形的差距也慢慢縮小，至於語法、詞彙，基本上是一致的，事情並不難辦啊！

甲：是的，最重要是從小學習。你看星馬兒童，在多語言環境中長大，國粵客閩，樣樣通曉，英語還極流利呢！

乙：即使長大了，耳朵舌頭都笨了一點，肯講肯聽就好，其實帶點口音有什麼關係？能溝通就好。

甲：是啊，講的人心理上要自立於不敗之地，不要畏首畏尾，怕人譏笑。其實也沒有什麼好笑的，你試試講我的方言看看。

乙：對。即使自己講得字正腔圓，也不要動輒譏笑人家，或者好為人師地字字糾正人家，除非是上語言課。

甲：從前有位女士，本身也是廣東人，從小在北京長大，後來到了香港，一聽人家國語不標準就皺起眉頭，常常搶白更正，結果朋友都跑光了。

乙：熱心是好的，也要照顧對方自尊心。

甲：在海外，在西人之地，彼此都英語不標準，什麼國粵滬潮，都是少數族群語言，彼此包涵包涵好了。

乙：認字問題，我覺得一點點文字學的知識很重要。譬如說：步字右下方為什麼沒有一點呢？原來是一個止字一個反過來的止字，止字是腳掌的象形，一左一右，便是一步了。止字因此也引申為停止、目標等等解釋。又例如，友字就是左手和右手一起，互相幫助，不就是朋友嗎？諸如此類，小朋友學了，印象又深，又有興趣。

甲：而且認識到中國字的理性基礎，而不是盲從教者的權威，這對民主、科學的教者，也有好處呢！

乙：母親其實也是兒童的語文教師，在海外，她們起的作用更大。想孩子喜歡中華文化，從小就趣味化，生活化地教認字，和孩子一同唸唸詩詞、寫寫字、畫畫畫吧。